L'AISANCE

PAR

L'ÉCONOMIE

Dédié aux Ouvrières intelligentes

PAR LA

GRAND'MÈRE MARTHE

ÉDITION NOUVELLE

Entièrement revue et augmentée

OUVRAGE RECOMMANDÉ

PAR LE

CONSEIL GÉNÉRAL DES VOSGES

ET LA

SOCIÉTÉ INDUSTRIELLE DE MULHOUSE

ÉPINAL

IMPRIMERIE C. FROEREISEN

Rue du Collège, 2

L'AISANCE

PAR

L'ÉCONOMIE

———————>o<———————

Dédié aux Ouvrières intelligentes

PAR LA

GRAND'MÈRE MARTHE

———————

ÉDITION NOUVELLE

Entièrement revue et augmentée

———————

OUVRAGE RECOMMANDÉ

PAR LE

CONSEIL GÉNÉRAL DES VOSGES

ET LA

SOCIÉTÉ INDUSTRIELLE DE MULHOUSE

———————

ÉPINAL

IMPRIMERIE C. FROEREISEN

Rue du Collège, 2

PREMIÈRE PARTIE

L'INFLUENCE DE LA FEMME SUR LE BONHEUR DE LA FAMILLE

LETTRE DE M. J. G. SUR L'ALCOOLISME

LES SOINS A DONNER AUX PETITS ENFANTS

L'ÉDUCATION DES ENFANTS

TENUE DU MÉNAGE

CHAPITRE PREMIER

L'influence de la femme sur le bonheur de la famille

CHAPITRE PREMIER

L'influence de la femme sur le bonheur de la famille

« Deux minutes par jour font une journée dans l'année. »

Recette pour faire un bon ménage :
(Trouvée dans un vieux livre bâlois).

« Mettez à la marmite beaucoup de patience et de persévérance, avec même quantité de bonne humeur et de bonne volonté ; écumez soigneusement pour enlever l'égoïsme, la paresse et la négligence. Laissez mijoter longuement sans quitter le foyer et vous aurez accommodé le bonheur. »

On se trompe infiniment en pensant trouver ses aises dans le mariage, et pourtant, combien de jeunes filles ne cherchent-elles pas à se mettre en ménage, dans le but unique de se soustraire à un travail régulier ?

Si l'homme apporte par son labeur, l'argent nécessaire à faire vivre sa famille, il ne saurait amener l'aisance au logis sans le concours assidu de sa femme, qui doit réaliser par son travail une somme équivalente et doubler ce gain en le faisant valoir.

Le mari fournissant de quoi subvenir aux dépenses, l'activité de la femme peut sembler inutile ; mais c'est précisément de son industrie, de son infatigable prévoyance, que dépendent la prospérité et l'avenir.

La « bonne femme » doit être à l'œuvre dès le point du jour ; elle doit se lever la première, comme elle a pour devoir de se coucher la dernière. Ses soins doivent porter sur les choses les plus infimes comme sur les plus importantes, « rien » ne doit échapper à sa surveillance si elle comprend son travail, et sa journée suffit à peine à l'accomplissement de tant de devoirs. Je ne vois pour elle, ni le moment de faire une station dans la rue, ni celui de causer au coin du feu chez la voisine. Elle doit se donner complètement aux siens, avec l'abnégation d'un cœur chrétien qui sait comprendre et accomplir joyeusement sa tâche.

Sans doute les difficultés sont grandes, mais, quelle compensation dans le résultat de cette chose si belle, si rare : la paix et le bonheur de la famille. Le but de la vie de la femme est d'arriver à ce résultat.

C'est de la femme que dépend presque toujours la bonne entente du ménage. L'homme moins capricieux, d'un jugement plus sûr, apporte dans son intérieur moins de causes de discorde. Il aime, sauf de rares exceptions, son foyer auquel il s'intéresse et où il resterait volontiers aux jours de repos, si sa femme savait le lui rendre agréable. Avec de l'intelligence et une bonté constante on arrive même sûrement à modifier un caractère difficile, à retenir chez lui un mari habitué à fréquenter les brasseries ou les débits de vins.

Pourquoi la femme ne cherche-t-elle pas par tous les

moyens à garder son mari auprès d'elle et de ses enfants pendant la journée du dimanche ? Il serait facile de lui servir à la maison la bouteille de vin ou de bière avec le petit pain bien choisi et bien frais qu'il va consommer au dehors. Ne pourrait-elle parfois ajouter à ce goûter de l'après-midi une chose qu'il aime et ne trouverait pas là-bas ? La peine serait bien petite, et le profit si grand ! Pourquoi ne l'encourage-t-elle pas à choisir un de ces jolis livres d'histoires intéressantes qui se délivrent dans les salles de lecture ouvertes heureusement dans toutes les villes et qui peuvent se changer chaque semaine. Ne vaudrait-il pas mieux l'été, après la promenade en famille, et par les jours d'hiver, passer ainsi le dimanche à causer dans l'intimité avec quelques amis, entre soi, plutôt que de s'attabler dans un débit de boissons, enfumé et malsain, d'où l'on sort, hélas ! rarement avec toute sa raison ? Les femmes qui interdisent la lecture à leur mari, parce que « cela les ennuie ou leur paraît inutile » sont bien imprévoyantes ; car une lecture bien choisie est une distraction saine qu'il est bon de préférer à toute autre.

Pour conserver la paix de la maison, il faut mettre un soin infini à éviter toute occasion de contestation, toute impatience, et surtout toute « colère ». Savoir « se taire », voilà la clef d'or qui ouvre la porte à la bonne entente. Malheureusement peu de personnes savent en faire usage. Cela est-il très difficile ? Non vraiment, car il suffit d'avoir pu se vaincre une fois ou deux pour que l'habitude en soit prise pour toujours. Jamais l'on ne devrait s'endormir quand la journée a été mauvaise, sans s'être fait l'un à l'autre l'aveu de ses torts. Il est nécessaire que la femme prenne l'initiative de l'accomplissement de cette noble tâche, car, si l'homme a ses grandes qualités, il a aussi ses défauts, et toujours, celui de ne pas aimer à reconnaître ses torts le premier. Pour la femme, plus souple, plus accoutumée à se plier à l'obéissance, ce sacrifice d'amour-propre est moins difficile, et, lui en coûterait-il infiniment, elle s'y soumettra certainement, considérant le résultat excellent de cet unique moyen de mettre un terme à une situation pénible.

La soumission est nécessaire à celle qui sera toujours la plus faible, mais cette soumission doit être raisonnée, et non passive. Une femme courageuse ne recule pas devant la crainte de faire à son mari une observation utile. Mais, que de précautions sont nécessaires, pour ne pas arriver à un résultat contraire. Un conseil aussi sérieux ne doit être donné que dans un moment de calme, évitant avec soin la colère et l'aigreur, par des paroles pesées à l'avance, avec un sentiment de déférence éloignant toute pensée d'humiliation, et d'une façon courtée qui ne laisse pas à la mauvaise humeur le temps de se faire jour. Ce qu'on ne saurait obtenir par la violence, s'obtient sûrement par l'amitié et la douceur.

• Je termine la première partie de ce livre par la lettre suivante, écrite par un homme de bien dont la noble et infatigable activité recherche toutes les occasions de porter remède aux angoisses, aux douleurs dont notre société est tourmentée ; veuillez la lire avec attention, car elle touche à une cause de grands chagrins, de malheurs irrémédiables, de ruine, de démoralisation, à une cause qui peut devenir la base de toutes les mauvaises actions, et qui amène sûrement la destruction des belles et douces joies familiales.

Lettre de Monsieur J. G. sur l'alcoolisme.

« Ayant reçu communication de ce modeste petit livre, il m'a paru en l'ouvrant, qu'il réclamait une courte addition, un conseil de plus.

Que gagneraient, me suis-je dit, les lecteurs de grand'mère Marthe, à suivre ses avis, à pratiquer ses recettes de cuisine économique, si leur argent passait à des boissons chères et nuisibles ?

Disons-leur donc tout de suite qu'il y a pour les gens économes et soucieux de leur santé, une boisson excellente qui ne coûte rien, qu'on trouve partout sous la main. « L'eau » — l'eau pure, bien entendu, l'eau claire et fraîche. — « La seule d'ailleurs dont les animaux fassent usage. » Ainsi parle la médecine ; l'hygiène et la morale ajoutant aussitôt : De l'air pur, de l'eau pure, un cœur pur, ce sont là, la santé et le bonheur. »

Excellente aussi, cette autre boisson naturelle, providentielle, préparée pour nos enfants, pour les malades, bienfaisante aux biens portants : Le lait — qui constitue à lui seul un aliment complet, et qui est d'ailleurs de l'eau pour les neuf dixièmes.

Avec l'eau et le lait, vous avez de quoi désaltérer vos enfants et vous-mêmes. Ce sont là des breuvages dont vous ne serez jamais mécontents, et qui ne portent pas atteinte à votre bourse. La science déclare qu'il n'en faut pas d'autre aux enfants.

Mais aux adultes, aux hommes, aux femmes qui travaillent, ne faut-il pas vin ou bière ? Cela se discute, les uns disent oui, les autres disent non. Un point arrêté, c'est qu'il faut très peu de boissons fermentées. Pas plus dit-on d'un demi-litre de vin par jour, et encore est-il plutôt pour l'agrément que pour l'utilité.

Remplacez tout ce qui viendrait en sus par du thé, du café, des boissons aromatiques non spiritueuses. Surtout, mes amis, ne touchez pas à l'eau-de-vie. Sous tous les noms qu'on lui donne, avec tous les bouquets dont on l'agrémente, et toutes les couleurs dont on la fait briller, « l'alcool est un poison ! »

Entré dans l'estomac, puis le foie et les reins, promené dans les artères et les veines, remonté au cerveau, il fait partout des ravages, d'abord insensibles, « et c'est là le danger, » bientôt affreux. qu'il vous faudra lire dans quelqu'écrit de médecin. — On peut s'adresser, pour ces écrits, « au siège social de l'Union française anti-alcoolique, 5, Rue Latran à Paris. » — Vous y verrez que l'usage des liqueurs alcooliques trouble le caractère, il rend fantasque, méchant, il fait le malheur des femmes et des enfants, il brouille les familles, les détruit, les mène a la ruine.

J'ai entendu à Lyon dans une réunion ou l'on s'exhortait à la tempérance, un buveur corrigé, raconter que depuis un an, ayant renoncé à l'alcool, il avait mis dans une tire-lire tout ce qu'il portait auparavant chez le marchand de vins, et qu'il avait à lui maintenant, « cinq cents francs, » de quoi établir un petit commerce de comestibles. Tenez, ajoutait-il, voilà ma femme, demandez-lui si je continue à la battre ! — Non, répondit-elle avec un bon sourire, il ne me bat plus, nous sommes très heureux.

Un petit verre appelle un autre verre, la goutte suit la goutte, dès que cette malheureuse goutte s'infiltre dans un ménage, il se perd. Elle ruine même notre France qui boit tous les ans plus de deux millions d'hectolitres d'alcool, et gaspille en boissons inutiles, en travail perdu, en frais de maladie, d'empoisonnement, etc., peut-être deux milliards de francs !

Mais ce qui se perd de bons et honnêtes sentiments, de force morale et physique, de bonheur familial, de puissance, et d'honneur pour l'État, est bien plus considérable encore.

Mes amis, suivez les conseils de grand'mère Marthe, et ne buvez jamais d'alcool. »

CHAPITRE DEUXIÈME

Les soins à donner aux petits enfants

CHAPITRE II

Des soins à donner aux petits enfants

Si tant de petits enfants meurent dans les premières
semaines de leur naissance, si tant d'autres gardent leur vie
durant une santé peu robuste, la cause en est presque
toujours à des soins négligés ou peu éclairés au début de
leur existence.

Pour arriver à faire d'un petit enfant un être plein de
vigueur, il faut veiller attentivement à ce que rien ne
vienne entraver son développement physique.

L'air, les lavages, la propreté, ainsi que la bonne entente
de la nourriture sont de première nécessité pour la réussite
de cette chose importante.

Chaque jour, l'enfant doit être habillé de vêtements fraîchement lavés, puis séchés bien à fond.

Que le berceau ne reste jamais humide, que la literie en
soit changée le plus souvent possible ; que les oreillers, le
duvet prennent l'air chaque jour, autour du fourneau en
hiver, à la fenêtre ouverte, au soleil, dès que le temps le
permet.

Le poupon doit-être lavé à l'eau tiède dès son réveil du
matin, de façon à ce que ni le dos, ni la poitrine, ni la tête
ou les membres soient oubliés. Ce lavage se fait en hiver
près du fourneau et l'enfant doit être essuyé avec le plus
grand soin avant d'être remis dans ses langes.

2

A partir de trois mois, le lavage se fait avec de l'eau froide ayant reposé pendant la nuit à la chaleur tiède de la chambre, et sans addition d'eau chaude. « Cet usage si aisé, si simple est d'une importance capitale, car il produit sur la santé des effets que rien ne saurait remplacer. Il endurcit contre le froid et l'humidité. il préserve des rhumes, des fièvres, des croûtes de lait, et de maintes autres misères dont l'enfance est affligé ; il fortifie en même temps le système nerveux qui s'en trouve amélioré pour toujours. » (Dr Hufeland. Bons conseils aux mères).

Il est indispensable d'aérer chaque jour la chambre où se tient le poupon et de le faire sortir régulièrement, en été durant la journée entière, en hiver pendant que le soleil donne, en ayant soin de l'habiller chaudement.

Les petites voitures qui s'achètent à si bon compte depuis quelques années sont excellentes pour cela, et je les recommande aux femmes qui peuvent en faire la dépense. L'enfant douillettement installé dans ce berceau mobile, respire au grand air sous la surveillance de sa mère, qui, débarrassée ainsi de son petit fardeau, peut en même temps s'occuper de sa couture ou de son ménage.

Le nourrisage au sein, délaissé par tant de femmes qui pensent alléger leur tâche en élevant leurs enfants au biberon, est pourtant le moyen le plus sûr de fortifier un poupon délicat et de le maintenir en santé. Il épargne en même temps à la mère bien des nuits sans sommeil, bien des allées et des venues pleines de fatigue, destinées à faire taire des cris incessants. Il la préserve de soucis et de douloureuses inquiétudes, car le biberon le plus perfectionné présente de graves inconvénients et de véritables dangers.

— 19 —

Le lait s'y aigrit rapidement et on arrive très difficilement à lui donner toujours la même température, ce qui peut provoquer des dérangements graves de l'estomac ou des intestins.

« La supériorité de l'allaitement naturel est incontestable, « il sera préféré à toute autre manière d'alimenter l'enfant, « et il est urgent de ne pas le remplacer à la légère par l'al- « laitement au biberon. » (Dr Kern.)

La mère ne pouvant fournir la quantité de lait suffisante à l'alimentation de son enfant, fera bien de ne pas sevrer son nourrisson, mais de s'aider du biberon, car son lait, quoique donné en quantité minime, aidera au poupon à supporter le lait du biberon, plus lourd, et plus difficile à digérer.

Dans le cas où le lait manquerait complètement à la mère, ce qui heureusement se présente rarement, dans celui où la maladie l'empêcherait de nourrir, il faudra bien recourir au biberon, qui devra être surveillé avec le plus grand soin.

Le choix du biberon est une chose de grande importance. Les biberons à tube doivent être évités complètement. On ne peut empêcher le lait de s'attacher aux parois du tube, de s'y aigrir, ce qui provoque des maladies d'intestins graves qui peuvent devenir mortelles. Je conseillerai le biberon appelé « Le parfait nourricier », qui se compose d'un flacon auquel on adapte un bout de caoutchouc de la forme d'un pis de vache, et qu'on peut retourner aisément pour en laver l'intérieur.

« Le lait de vache étant plus lourd que le lait de la mère, « on est obligé de le mélanger d'eau en plus ou moins « grande quantité selon l'âge de l'enfant. Cette eau doit « être bouillie et on y met un peu de sucre. Voici les

« proportions d'eau et de lait pour les différents âges
« de l'enfant :

*Tableau des proportions de lait et d'eau des biberons
pour les différents âges du nourrisson.*

« Pendant le premier mois, couper le lait du biberon de
« moitié d'eau bouillie.

« Pendant le deuxième mois, deux tiers de lait et un tiers
« d'eau, — soit une cuillerée d'eau bouillie sur deux cuil-
« lerées de lait.

« Pendant le troisième mois, trois quarts de lait et un
« quart d'eau, — soit une cuillerée d'eau sur trois cuillerées
« de lait.

« A partir du quatrième mois, on supprime l'eau complè-
« tement, et on donne à l'enfant du lait pur.

« Je ferai une recommandation très importante, qui est
« de s'adresser à un laitier consciencieux qui ne mette pas
« à l'avance de l'eau dans le lait qu'il fournit. Le lait fraudu-
« leusement coupé d'eau par les marchands, est par cela
« même moins nutritif qu'il devrait l'être.

« De plus, des gens assez peu consciencieux pour vendre
« de l'eau au prix du lait, le sont aussi dans le choix de
« l'eau qu'ils emploient à cet usage ; de là danger pour
« l'enfant qui, buvant dans son lait une eau impure, non
« bouillie, pourrait absorber des germes de maladies.

« Il est urgent de ne nourrir les enfants délicats qu'avec
« du lait jusqu'à l'âge de sept à huit mois ; tout autre
« aliment peut être dangereux pour un poupon de premier
« âge, dont la santé n'est pas exceptionnellement robuste.

« Lorsque l'enfant souffre de constipations, on fait

« bouillir une poignée d'orge dans l'eau du biberon. En cas
« de diarrhée c'est une poignée de riz qu'on y fait bouillir.
« Mais, il est nécessaire de cuire à nouveau chaque jour ces
« eaux de riz ou d'orge qui fermentent facilement et s'ai-
« grissent dans l'espace de quelques heures, de sorte qu'il
« est impossible de les garder d'un jour à l'autre sans
« qu'elles deviennent malsaines.

« Je recommande essentiellement de ne pas mettre dans
« le lait du biberon de l'eau panée ou des infusions, mais
« de n'employer, si l'enfant avait des difficultés de digestion,
« que de l'eau de Vichy à très petite dose. Une cuillerée à
« café dans chaque biberon pendant deux ou trois jours. —
« Docteur Kern. »

Le lait du biberon doit être donné à l'enfant à la température, du corps, environ 36 à 37 degrés centigrades, et le
poupon ne doit pas boire plus de toutes les trois heures,
la digestion du lait étant lente, et ne se faisant pas complètement avant les trois heures révolues. Pour les enfants
cependant, qui prennent peu à la fois, il est nécessaire de
rapprocher les tétées et de les séparer par deux heures et
demie de repos seulement ; sauf la nuit où il est préférable
de les laisser dormir pendant quelques heures consécutives.

*Tableau des quantités de lait que doit prendre l'enfant
dans une tétée suivant son âge.*

Pendant le premier mois, 50 grammes.
Pendant le deuxième mois, 80 grammes.
Pendant le troisième mois, 100 grammes.
Pendant le quatrième mois, 150 grammes.

On continuera ces 150 grammes pour les mois suivant
sans les dépasser.

Je conseillerai très particulièrement de ne jamais dépasser ces quantités, car les petits enfants qui souffrent des intestins doivent presque toujours leur mal à des petites indigestions répétées.

Le lait de vache doit être bouilli, aussi bien que l'eau des biberons, il est nécessaire de le faire bouillir le plus tôt possible après la traite. On le conserve au frais dans un pot recouvert de son couvercle, ou dans une bouteille, bouchée d'un petit tampon d'ouate légère, très propre, n'ayant pas servi encore à un autre usage.

Le biberon et sa tetine de caoutchuc doivent être soigneusement lavés après chaque tétée, et il est bon de laisser la tetine tremper dans un verre d'eau fraiche d'une tettée à l'autre.

Passé l'âge de six mois, si l'enfant est bien portant, on peut remplacer le lait dans le milieu du jour par une bouillie légère ou par une soupe très mince et très cuite. Je conseillerais pour ces premiers potages de faire jaunir sur le fourneau, de la croûte de pain, et de la cuire ensuite pendant une heure avec du lait, un peau d'eau et du sucre. Pendant la cuisson, il faudra prendre la précaution d'en écraser tous les petits morceaux, de manière à les faire disparaître complètement. On commencera par quelques cuillerées seulement pour le repas de midi et l'on augmentera petit à petit la proportion. Au bout de quinze jours, si l'enfant s'en trouve bien, la soupe se donnera encore comme premier déjeuner le matin, et quinze jours plus tard, si tout continue à aller bien, si ces deux repas sont bien supportés, une troisième fois le soir.

Si après le premier essai de soupe, l'enfant au bout de

deux ou trois jours émettait des selles anormales, il faudrait reprendre le lait, puis au bout de quelque temps, essayer au lieu de soupe d'une bouillie légère à la farine dont vous trouverez la recette dans le livre de cuisine ci-joint, au chapitre des bouillons et potages pour les malades et les petits enfants.

Après la bouillie ou le potage, il est nécessaire de laisser passer trois heures avant de donner le biberon ou le sein.

La bouillie, de même que la soupe, se donne une fois, puis plus tard deux fois, et enfin trois fois dans la journée ; elle est préférable à la soupe pour certains enfants, c'est à la mère d'observer lequel de ces aliments convient le mieux à son nourrisson.

Les bouillies ont besoin d'une cuisson lente et prolongée pour être d'une digestion facile, elles ne sont à point qu'arrivées à une teinte dorée. Le lait dans lequel on les délaie avant de les mettre sur le feu, se coupe d'un peu d'eau dans les premiers jours.

Pour les enfants délicats, la farine de salep que l'on trouve par petits paquets chez tous les épiciers, ou bien la semoule, remplacent quelquefois avantageusement la farine ordinaire, et le tapioca est peut-être encore supérieur au salep et à la semoule.

Si à l'âge de 10 mois l'enfant se porte bien, on pourra commencer les potages au bouillon, dont vous trouverez les recettes en un chapitre spécial de ce livre intitulé : « Bouillons et potages pour les malades et les petits enfants ».

On fera bien, à partir de ce moment d'habituer l'enfant petit à petit à prendre un peu de légume ; de carottes cuites dans le bouillon, des pommes de terre, mais en purées seulement et très soigneusement écrasées ; ou, ce qui est meilleur encore, car les légumes secs constituent une nourriture des plus fortifiantes, un peu de purée de lentilles, qu'on aura passée à travers l'écumoire pour en retirer les pelures car, débarrassée de ses pelures, la lentille est d'une digestion facile et rapide.

Lorsque la dentition sera assez avancée pour que l'enfant puisse mastiquer sans trop de peine, on commencera la viande, en très petite quantité et en évitant le lard.

Une fois sevré, il est de première nécessité de conserver à l'enfant des repas bien réglés.

Le matin à son réveil, une bouillie ou une soupe ; à 10 heures un peu de pain et de lait, ou tout au moins un morceau de pain ; à midi une soupe ; à quatre heures du pain et du lait ; à sept heures une bouillie de farine, de salep ou de semoule.

Dans le cas ou la dépense n'en serait pas trop forte, un œuf frais, préparé à la coque et une tasse de lait composeraient un repas des plus fortifiants, préférable à tout autre. Je conseillerais aux mères qui ne pourraient le faire chaque jour, de donner ce souper à leurs petits enfants une fois ou deux par semaine, si possible.

Les diarrhées qui s'établissent sans qu'on y prenne garde et qui emportent parfois les pauvres petits en peu de temps, constituent un danger qu'on ne saurait assez signaler aux mères. Il est urgent de ne laisser durer cette indisposition plus de quatre à cinq jours sans en parler au médecin, et si des vomissements venaient s'y joindre, il faudrait consulter sans attendre au lendemain.

Voici un remède qui agit souvent efficacement quand il est employé dès le début du malaise. Liez une poignée de fleurs de camomilles dans une étoffe légère. Faites bouillir dans une marmite pleine d'eau jusqu'à ce que cette eau soit d'un jaune pâle. Versez-la dans un baquet, ajoutez de l'eau froide jusqu'à ce qu'elle prenne une température agréable au « coude » que vous y mettez tremper. Il faut vérifier cette température avec votre coude et non avec votre main qui supporte plus de chaleur que le bras, en tâtant le bain de l'enfant avec votre main, vous risqueriez de donner à votre poupon un bain qui le brûlerait et lui ferait plus de mal que bien. Ce bain ne doit pas être trop froid non plus, si vous avez un thermomètre mettez votre eau à 27 degrés réaumur ou 34 centigrade. Il est utile de garder en réserve un pot d'eau chaude à ajouter petit à petit à l'eau du bain qui se refroidit rapidement. Ces préparatifs terminés, tenez l'enfant dans son bain pendant un quart d'heure, en ayant soin de ne laisser sortir que la tête, pour éviter les refroidissements. Donnez un bain de camomilles le matin avant le dîner, un second avant le souper, car après le repas les bains peuvent amener une congestion et être mortels. On réchauffe pour le soir l'eau du matin qui peut fort bien servir deux fois. En même temps, si l'enfant est déjà habitué aux potages, il sera bon de mettre le lait tout à fait de côté, de s'entenir à des potages légers dont les recettes sont données plus loin, à moins que l'enfant tette encore, car le lait de la mère est le meilleur des remèdes.

Le potage au bouillon de veau (voir au livre de cuisine qui se trouve dans ce volume, au chapitre des potages pour

les malades et les enfants) est préférable à tout autre dans
ce cas. Il devra être continué jusqu'à ce que le mieux s'éta-
blisse. On met alors une demi-cuillerée à soupe de lait
bouilli dans le biberon, avant d'y verser le potage au
bouillon de veau, et on augmente chaque jour de très peu
la quantité de lait en diminuant celle du potage, pour
arriver de nouveau au lait simple.

L'infusion de camomilles est le meilleur remède contre
les coliques dont souffrent souvent les petits enfants. Cette
infusion se donne sans adjonction de lait, par très petites
quantités, quelques cuillerées à café seulement, et elle doit
être légère, d'un jaune pâle. Il est bon de ne pas le sucrer
beaucoup, et il faut la donner à la température du biberon
ordinaire. Une friction d'huile de camomille faite en même
temps sur le ventre est très active pour calmer les douleurs.
L'huile de camomille peut se faire à la maison, en versant
de l'huile d'olive bouillante sur les fleurs de camomille
qu'on en retire au bout d'une huitaine de jours. On peut
aussi les laisser au fond de la bouteille.

CHAPITRE TROISIÈME

De l'éducation des enfants

CHAPITRE III

De l'éducation des enfants

Souvent l'on entend des parents se plaindre du peu de satisfaction que leur donnent leurs enfants. Ils ne peuvent obtenir l'obéissance à laquelle ils ont droit ; leurs conseils ne sont pas suivis, et plus tard les fils ou les filles s'éloignent du foyer paternel sans songer à leurs vieux parents et sans s'émouvoir de leur misère. La faute en est-elle réellement aux enfants ? Je vois peu de ces cas de coupable indifférence dans les familles plus aisées où l'éducation est l'objet des plus grands soins. Cette bonne éducation qui ne se conserve que dans un nombre très limité de familles, est cependant à la portée de tous, car elle ne coûte rien... rien que de la bonne volonté et de la persévérance.

Le père étant rarement à la maison, il faut que la mère prenne l'initiative de cette tâche importante et facile, oui, facile, à qui s'y prend à temps.

Les mères mettent malheureusement du plaisir à gâter leurs petits enfants ; les entêtements, les colères, les révoltes de ces petits les amusent ; elle croient y trouver la preuve d'une intelligence précoce qui les flatte, et, s'en faisant une cause d'orgueil, elles laissent ces défauts se développer librement. Puis, tout à coup, quand il est trop tard, quand l'enfant en grandissant s'est fait un caractère indiscipliné, égoïste, quand le manque de jugement et de cœur est bien affermi, les parents voient le mal et cherchent en vain à le réparer. On accuse alors ces innocents d'être nés avec des instincts mauvais, de n'avoir jamais su distinguer le bien du mal. Ce ne sont pas eux qui sont en défaut pourtant, mais les mères qui n'ont pas su dès le berceau leur inculquer l'horreur de ce qui est mauvais. Que de fois même, n'ont-elles pas ri aux boutades du petit entêté qui par des réparties malicieuses cherchait à se soustraire à l'obéissance ?

L'éducation de l'enfant doit être commencée dès le plus bas âge. A six mois, le poupon sait comprendre. Lorsqu'il se met en colère et que sa mère le couche dans son berceau le laissant crier à sa guise, et, ne le reprend dans ses bras pour l'embrasser tendrement que, lorsqu'il s'est tû, il se rend compte qu'on ne l'aime que lorsqu'il est sage, ...squ'il ne crie plus.

Il faut pourtant mettre beaucoup de soins à distinguer si les cris de l'enfant ont pour cause une douleur ou une simple impatience car on risquerait de punir au lieu de consoler, d'augmenter une souffrance au lieu de chercher à la soulager.

Dans la douleur, l'enfant verse toujours des larmes, ce qu'il ne fait pas d'habitude dans la colère.

La mère qui comprend ses devoirs commence, comme je le disais, l'éducation de ses enfants dès l'âge de six mois par la répression des cris de méchanceté. A deux ans l'enfant doit être si bien habitué à l'obéissance, que l'idée de ne pas faire ce qu'on lui dit, ne puisse entrer dans sa petite tête. Pour en arriver là, s'il ne suffit pas de le reprendre avec un air sérieux et avec autorité, il est bon

que la verge lui apprenne à céder. Il faut user de ce moyen
avec le plus grand discernement, afin de n'en pas faire une
cause de répression cruelle. La verge ne doit jamais
être employée dans un moment de colère. Pour l'appliquer
sagement, il est nécessaire d'attendre que le calme soit
revenu ; car l'enfant sentirait dans cette punition une sorte
de vengeance, et il en garderait un sentiment mauvais d'in-
justice ou de rancune

En frappant le petit désobéissant de la main, en le
châtiant au moyen d'une corde, — ce qui se fait malheureusement assez souvent, on risque de le blesser et de
nuire d'une façon sérieuse à sa santé. La verge se fait de
quelques brindilles de fagot, souples et sans aspérités. Deux
coups appliqués de façon à ce que l'enfant en souffre,
suffisent. Il ne faut « jamais » en donner davantage.

Dès les premiers mois l'enfant doit apprendre la propreté ;
on l'habitue à cela en le mettant sur son petit vase très
souvent dans la journée, en le relevant deux ou trois fois la
nuit pour en faire de même. Un enfant bien élevé ne doit
plus se mouiller à l'âge de sept mois, car il prend un si grand
goût à la propreté et en ressent un si grand désagrément de
se sentir enveloppé de langes humides, qu'il s'agite et pleure
quand le moment est venu de prendre ses précautions. Cette
mesure est des plus importantes, car l'enfant qui passe ses
journées et ses nuits dans l'humidité malsaine et malpropre,
contracte mille maux qui martyrisent les pauvres petits.
Rougeurs profondes de la peau qui brûlent les chairs de
l'enfant comme un fer rouge, l'empêche de prospérer, lui
enlève le sommeil et l'appétit ; rhumes, éruptions qui
finissent par envahir tout le corps. Toutes choses désespé-

rantes qu'on peut éviter avec un peu de bonne volonté.
L'habitude de se mouiller, que tant d'enfants gardent
pendant des années, au grand détriment de leur petit corps,
provient de la paresse de la mère, qui ne tient pas à se
déranger, la nuit surtout, pour accomplir son devoir :
mauvais calcul du reste, car on perd en lessives pénibles,
un temps qu'on pourrait passer en un agréable travail
reposant de couture.

De bonne heure aussi, l'enfant doit apprendre à rester en
place pendant une demi-heure de temps à autre dans la
journée. Durant ces moments de repos forcé, il est nécessaire de ne pas le laisser inactif, car l'ennui qu'il en ressen-
tirait le pousserait à faire des inventions mauvaises. C'est
pour éviter ce danger, que les parents prévoyants ne
laissent jamais un enfant sans jouets. Il n'est pas nécessaire
de se mettre en dépense pour cela, quelques petits objets
sans valeur, font les meilleurs joujoux.

Montrez à vos petits enfants à placer les uns sur les
autres quelques menus bois carrés ou longs, faciles à manier,
que le père aura taillé dans une planchette bien rabotée. —
Avec un bout de ficelle et une baguette, un fouet est vite
confectionné. Les bobines de fil vidées, sont des roulettes
amusantes à pousser de droite et de gauche ; on peut les
enfiler en collier par une ficelle. Une planchette percée
d'un trou, au travers duquel on passe un cordon, devient un
petit char sur lequel on peut traîner des cailloux et des
petits bois. Quelle est la mère qui, avec quelques chiffons,
ne saurait confectionner une poupée ?

En même temps que l'enfant s'amuse, il apprend à
s'occuper. A l'âge de trois ans, la petite fille doit commencer

à coudre. Prenez une grosse aiguille avec un fil relativement fin, nouez les deux bouts ensemble pour empêcher l'aiguille de s'échapper. Donnez à la fillette un morceau de d'étoffe, et laissez-là passer le fil dans le chiffon, mais en tenant à ce que chaque jour elle reste quelques minutes à cet ouvrage.

À cinq ans, le moment est venu d'apprendre à faire le point en arrière. On montre à l'enfant comment on fait ce point, puis on la laisse étudier seule cette nouvelle manière de coudre qui l'intéressera sûrement pour peu qu'elle ait le goût de la couture, et qu'elle apprendra facilement ayant déjà pris l'habitude de tenir une aiguille. Chaque jour en lui remettant son ouvrage, on aura soin de faire quelques points devant elle, très lentement, pour qu'elle puisse suivre sans peine le mouvement de l'aiguille. Au bout de quelques semaines, elle possédera le point.

À six ans, on commence à joindre deux morceaux l'un à l'autre par le point en arrière, puis par un surjet. Pour le raccordement de deux pièces, il faut avoir soin de passer un faux-fil de manière à maintenir les morceaux à un doigt du bord ; cela facilite l'ouvrage à la petite main encore maladroite. Pour la couture au point en arrière il faudra que la fillette tâche de suivre le faux-fil le plus près possible soit au-dessus ou au-dessous. — Pour le surjet, il faudra lui apprendre à ne pas piquer profondément dans l'étoffe, de façon à ne pas faire de bourrelet et à obtenir un point plus petit.

À sept ans, ce travail doit être acquis et on commence l'ourlet. Dans l'ourlet, comme pour l'assemblage de deux pièces le faux-fil est nécessaire, car l'enfant doit s'habituer

3

dès le début à faire un ouvrage de bonne apparence et régulier, ce qui est de toute nécessité pour lui donner le goût de l'ordre et de l'exactitude.

A huit ans, si la mère y a mis le soin voulu, la petite ouvrière est assez perfectionnée pour s'appliquer à quelque ouvrage facile.

Le tricot est enseigné chaque jour à partir de l'âge de cinq ans. On commence par des tâches très courtes, cinq à dix mailles seulement pour les premiers six mois ; une ou deux de plus chaque jour après cela, jusqu'à ce qu'on soit arrivé à tricoter quelques aiguilles.

A neuf ans, le plus difficile de l'apprentissage est terminé ; et ne pensez pas que ce soit une chose impossible. Ce résultat est obtenu depuis un grand nombre d'années dans les familles où l'on sait s'occuper des petits enfants. A six ans j'aidais à tricoter mes bas et j'y faisais les talons sans l'aide de personne. J'ourlais les tabliers de mes petits frères et j'en étais très fière. Ma mère ne cessait de me dire que je lui rendais un grand service en l'aidant à ces ouvrages, et la pensée de me savoir utile faisait mon bonheur. Cette bonne habitude de se rendre utile, devient un besoin avec le temps, et il ne faut pas négliger d'en donner le goût aux enfants, en leur témoignant souvent une grande satisfaction de leur travail.

A dix ans, outre le tricot et la couture, la petite fille au sortir de l'école, doit prendre part à tous les soins du ménage. Elle doit aider sa mère à la cuisine, à l'entretien des chambres et du linge. La préparation des repas doit lui devenir assez familière pour qu'elle puisse au besoin mettre une soupe ou un légume sur le feu. Elle pourra aider à porter l'eau et le bois, mais dans la proportion de ses forces seulement, car une mère sage et qui aime ses enfants, veille toujours à éviter ce qui pourrait nuire à leur santé.

Ce qu'il faut craindre le plus pour l'enfant, c'est l'habitude de rester au dehors avec des camarades dont le mauvais exemple pourrait détruire le fruit d'une bonne éducation. Les parents devraient toujours choisir eux-mêmes les amis de leurs petits enfants, et les prendre dans les familles voisines où les mêmes principes se trouvent soigneusement observés. Les enfants de braves et honnêtes parents sont rarement à craindre, et nous avons en Alsace un petit dicton très ancien et fort vrai qui dit que « la pomme ne tombe pas loin du pommier. »

L'éducation première des garçons se fait comme celle des filles. Il est bon que les fils prennent part aux occupations du ménage, car, dans combien de cas, l'homme n'est-il pas obligé de se tirer d'affaire par lui-même ?

Les heures que les fillettes dans leur bas âge mettent à la couture, sont employées par les garçons à tracer des lignes, des dessins ou des lettres sur leur ardoise. Exemple :

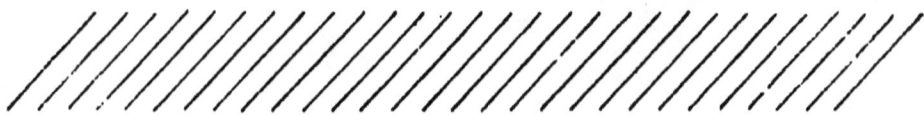

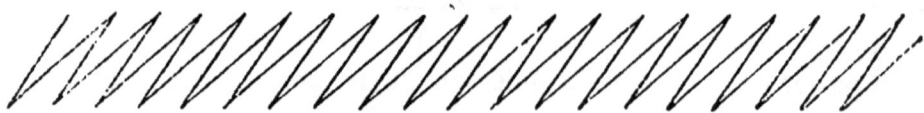

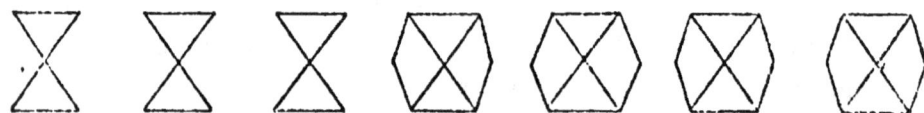

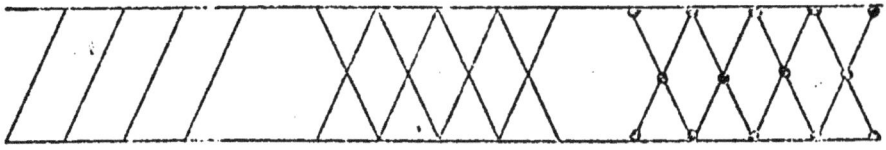

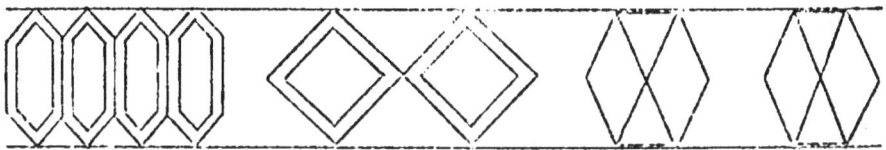

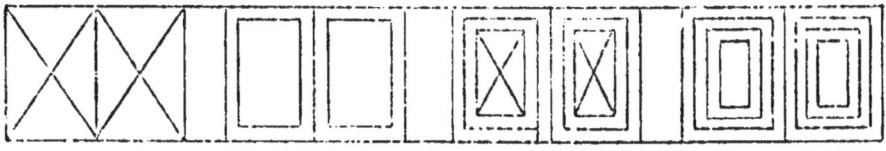

L'habitude de manier le crayon donnera au petit homme une adresse de main qui, plus tard, lui facilitera l'écriture et le dessin. De plus il se fera un jeu d'inventer de nouvelles formes, ce qui lui sera une occupation utile.

A six ans, le petit garçon doit commencer à écrire. On lui trace un A sur son ardoise et il l'imite jusqu'à ce que cette lettre soit bien faite ; puis on lui apprend les lettres ayant quelque ressemblance les unes avec les autres, — les M, les N, les U. — A sept ans tout l'alphabet lui sera connu. Alors on lui fera copier du livre, car il aura déjà appris à écrire des mots, à mesure qu'il savait former quelques lettres. A tous ces petits travaux, à tous ces petits jeux, l'enfant s'habitue à rester à la maison sans en éprouver d'ennui et c'est là le point important à acquérir pour en faire plus tard un honnête homme ou une femme consciencieuse.

La mère qui, pour se procurer quelque repos, envoie ses enfants jouer loin de sa surveillance, se prépare d'amers regrets, car ses enfants devenus grands, continueront à chercher leur plaisir au dehors, et arriveront ainsi plus aisément à oublier leurs parents et parfois à les abandonner complètement.

CHAPITRE QUATRIÈME

Tenue du Ménage

—

Modèle d'un livre de compte pour le ménage

CHAPITRE IV

Tenue du ménage
Modèle d'un livre de compte pour le ménage

Ce qui importe le plus pour la bonne tenue d'un ménage c'est de veiller à la *propreté* et à l'*économie*. La propreté entretient la santé, l'économie amène l'aisance. A elles deux, elles font le bonheur matériel du ménage. Aussi la mère de famille ne peut-elle assez s'appliquer à l'accomplissement de ces deux choses dont dépendent l'avenir de son mari, de ses enfants et le sien. Pour ne jamais perdre de vue ce but important, il est nécessaire de se tracer à l'avance l'emploi de son temps, journée par journée, pour ainsi dire heure par heure. C'est le seul moyen de ne rien négliger.

Voici un plan de la répartition des travaux de la semaine, qu'il sera aisé de suivre exactement :

Au lever la première occupation doit être d'aérer la literie. Posez sur deux chaises placées l'une vis-à-vis de l'autre, le plus près possible de la fenêtre et au soleil ou tout au moins à l'air, le duvet, les draps et la couverte de vos lits, puis occupez-vous du déjeuner. C'est ainsi que commence chaque journée ; pour les autres ouvrages, ils varient chaque jour. Ce plan en indiquera les détails :

Répartition des travaux de la semaine

Lundi. — Le déjeûner terminé, lavez vite la vaisselle. Empilez le linge à laver dans un baquet d'eau tiède. Prenez chaque pièce l'une après l'autre, frottez-la en tous sens avec votre savon et remettez-la au fond du baquet après l'avoir roulée sur elle-même. Laissez tremper pendant deux heures ce linge ensavonné. Pendant ce temps, faites les lits, balayez, époussetez vos meubles, videz les eaux malpropres, lavez soigneusement cuvettes et vases, puis brossez les habits du dimanche, suspendez-les soigneusement en évitant les plis, cirez les souliers que vous remettrez de suite à leur place habituelle.

Préparez le repas de midi auquel il faut penser une heure et demie à l'avance. Après le repas, lavez la vaisselle à l'eau chaude en vous servant d'un peu de savon et rangez-la avec ordre.

Retournez à votre lessive le plus tôt possible, lavez le linge à l'eau froide et savonnez-le une seconde fois. Laissez-le tremper dans l'eau de savon jusqu'au mardi.

Mardi. — Soignez le déjeûner et les chambres comme il vient d'être dit pour le jour précédent, puis, finissez de laver le linge qui, bien trempé depuis la veille, sera plus facile à rendre propre. Mettez un vieux linge sur votre écuelle à égoutter, placez-la sur deux petits bois posés sur les bords du baquet dans lequel vous aurez rangé votre linge. Mettez-y une bonne assiettée de cendres de bois, versez par-dessus quelques pochons d'eau bouillante et laissez reposer un quart d'heure. Reprenez cette eau de lessive du baquet, remettez-la sur le feu, faites-la bouillir, et versez-la sur votre linge. Faites cela deux ou trois fois, et davantage s'il le faut, pour que toutes les taches disparaissent et que le linge soit d'une belle blancheur. Puis, rincez votre linge à l'eau fraîche, jusqu'à ce qu'il ne contienne plus trace de savon. Suspendez le si possible au grand air, au soleil, et vous aurez une lessive qui fera honneur à votre armoire.

Si je conseille de mettre un linge « vieux, hors d'usage » pour passer la cendre, c'est que la cendre mouillée brûle, ronge l'étoffe sur laquelle on la pose, et c'est pour cette raison qu'il ne faut jamais laver les tissus en les mettant en contact direct avec elle. L'eau de lessive, ou autrement dit « eau de cendre », excellente pour le blanc, efface les couleurs, et il faut bien se garder de lessiver les tissus imprimés. On les lave en les battant dans une eau de savon préparée à l'avance dans un baquet, car on risquerait de les ternir en passant dessus un morceau de savon de Marseille qui, pourtant, est le meilleur savon à lessive qu'on puisse employer ; son seul défaut est d'être plus cher que les autres.

N'oubliez pas l'heure du repas dans les occupations de la lessive, prenez-vous-y à temps, pour que vous ne risquiez pas de présenter sur votre table des mets mal préparés, ce qui ne doit jamais arriver.

En hiver, arrangez-vous à sécher le plus de linge possible autour du poêle. Commencez le repassage ; si le linge n'était pas assez sec, il faudrait le laisser pour le lendemain et s'occuper, en attendant, de couture ou de raccommodage.

MERCREDI. — Commencez la journée par le soin des chambres et du déjeûner, comme de coutume ; puis, surveillez les provisions, vérifiez les légumes de conserve, les quartiers de fruits que vous aurez séchés durant la saison et qui doivent être suspendus dans de petits sacs au sec et à l'air. Lavez le dessus des tonnelets de choucroute et de raves salées.

Après le repas de midi et le lavage de la vaisselle, mettez-vous au repassage s'il n'a pu être terminé la veille, ou bien continuez le raccommodage. Faites les provisions de la semaine chez l'épicier. Les emplettes se font le soir, lorsque le jour ne vous permet plus de coudre ou de tricoter; on économise ainsi la lumière. Dans les ménages où il y a de petits enfants, il vaut mieux, toutefois, que les achats se fassent pendant les heures de salle d'asile, pour éviter de les laisser sans surveillance à la maison.

JEUDI. — Commencez la journée comme toujours. La vaisselle du déjeûner lavée et rangée, mettez-vous au raccommodage et préparez le repas de midi. Hâtez-vous, après le repas, de laver la vaisselle pour reprendre l'ouvrage à l'aiguille. Le raccommodage terminé, s'il vous reste un peu de temps avant la nuit, faites de la couture ou du moulinage, qui sert à faire des draps plus solides que ceux qui s'achètent dans les magasins. Procurez-vous, pour cela, des restes de bobines de coton, qui sont meilleur marché à la livre que les bobines pleines. Les tisserands en chambre tissent ces fils à très bon marché.

VENDREDI. — Mêmes occupations que le jeudi.

SAMEDI. — Les lits faits, les chambres balayées, récurez le plancher des chambres, de la cuisine, du corridor et l'escalier. Lavez les fenêtres aux heures que vous employez d'habitude à la couture.

Le tricot est réservé aux moments perdus, qui doivent être aussi rares que possible.

Les petites économies

Dans un ménage, on ne peut réaliser que des économies si minimes, que bien des femmes pensent inutile de s'en préoccuper ; elles ne savent pas qu'au bout de l'année, quelques centimes épargnés de ci, de la, peuvent se trouver en assez grand nombre pour permettre l'achat d'un vêtement ou même d'un meuble. Je connais une vieille bonne qui s'est fait un lit avec les plumes de poule ou de canard qu'elle trouvait sur son chemin. Les duvets fins étaient mis à part dans un petit sac et réservés pour les oreillers. Les plumes les plus grossières, débarrassées de la côte du milieu et froissées entre les doigts, remplissaient un sac plus grand qui se transforma petit à petit en un bel édredon. En quelques années, elle avait amassé, par parcelles inappréciables, la valeur de 45 francs.

Nota. — Pour la conservation des plumes, il est nécessaire de les nettoyer soigneusement, d'en ôter avec des ciseaux la partie dure qui forme comme une petite tige piquante, et de les mettre pendant une journée dans un endroit assez chaud, pour que toute bête qui pourrait y rester cachée soit exterminée. En ôtant la côte du milieu des plumes les plus grosses, il faut faire attention de réserver la pellicule sur laquelle s'insèrent les brindilles de la barbe, de façon à ce qu'elles tiennent les unes aux autres ; faute de ce soin, on ne recueillerait que des filaments détachés qui ne garderaient aucune élasticité.

Diverses petites économies peuvent se faire journellement.

Conservez soigneusement les quelques cuillerées de soupe qui restent parfois au fond de votre soupière après le repas. Ayez pour cela un pot spécial tenu avec la plus grande proprêté. Au bout de deux jours en été, de trois ou quatre jours en hiver, ajoutez à ces restes ce qu'il faut de pommes de terre pour en faire une soupe du soir. Ces mélanges différents composent un mets excellent, que les plus gourmands trouvent à leur goût, car, je puis dire que, terminés avec soin, ils font un des potages les meilleurs.

Chaque fois que vous préparez un légume, mettez-en cuire suffisamment pour deux repas; gardez-en la moitié pour le lendemain, réchauffez-le alors sur un feu très doux. La quantité de charbon ou de bois qu'il vous faudra pour cela sera si petite, que vous aurez préparé de la sorte deux dîners avec le même combustible à peu près qu'il vous aurait fallu pour un repas.

Conservez les petits restes de légumes, mettez-les de même que les restes de soupe dans un pot spécial, toujours proprement lavé. Si au bout de deux jours la quantité n'était pas suffisante pour les servir seuls, ajoutez-y des rouelles de pommes de terre cuites à l'eau de sel, mélangez-les aux restes de légumes déjà réchauffés, faites bien le mélange en remuant avec la cuillère de bois ; coupez un oignon en petites tranches très fines, ou hachez-le, faites-le jaunir dans un peu de graisse, versez-le par-dessus les légumes, remuez légèrement et servez. Les restes de pommes de terre préparées la veille peuvent servir pour cette préparation.

Ne jetez pas l'eau dans laquelle des légumes secs ou frais auront été bouillis, car elle a l'avantage d'être déjà salée, ce qui est une petite économie, et, de plus, elle garde une saveur qui en fait un fond de soupe excellent.

Les petits débris qui se trouvent au fond de la marmite où s'est cuite la soupe grasse, parcelles de choux, de carottes, de raves, de verdure, râclures d'os, joints à des pommes de terre en robe de chambre, le tout écrasé et assaisonné en salade, composent un bon hors d'œuvre qui se sert avec le bœuf bouilli.

« L'huile de colza » peut remplacer le saindoux, et coûte infiniment moins que toute autre graisse. On la rend bonne à cet usage en la préparant comme il est dit au chapitre dixième du livre de cuisine qui se trouve dans ce volume, à la page première.

« Réservez le marc de café. » — Versez de l'eau bouillante par-dessus et employez cette eau aromatisée pour le café du lendemain, en diminuant un peu la quantité de café moulu que l'on prend d'ordinaire pour cela.

Ecrémez le lait avant de le faire bouillir, et gardez-en la crème pour la soupe, elle remplacera une certaine quantité de beurre ou de graisse. On peut garder la crème pendant deux ou trois jours, en la tenant dans un pot lavé et essuyé avec soin, sans qu'elle se gâte.

Les boulangers donnent six baguettes de pain pour la soupe à 25 centimes, lorsque, prise séparément, chaque baguette revient à 5 centimes ; il est donc avantageux de les prendre par demi-douzaine. Elles se conservent fort long-temps sans se gâter, dans un endroit sec, à l'abri de la poussière.

« Le pain noir » est infiniment plus nourrissant que le pain blanc, tout en étant moins cher ; il est recommandé aux malades qui souffrent de pauvreté de sang. Je me suis demandé souvent pourquoi on l'apprécie si médiocrement. Mélangé en très petite quantité aux légumes secs, réduit en miettes et grillé. il les allège et leur donne un goût très agréable.

Pour éviter de chauffer le poële pendant deux ou trois heures, comme il serait nécessaire de le faire pour cuire les repas suffisamment, nous conseillons de préparer à l'avance la soupe du lendemain et de la mettre sur le feu en même temps que le diner du jour ; elle sera alors à moitié cuite, et ne nécessitera plus qu'une demi-cuisson pour être terminée. Cette méthode a de plus l'avantage de rendre les soupes meilleures.

Les achats, de quelque sorte qu'ils soient, doivent se payer au comptant. On réalise ainsi une forte économie, car tout est coté moins cher à ceux qui paient régulièrement, et de plus, on évite les erreurs qui se glissent aisément dans les carnets arriérés.

L'éclairage

L'éclairage au pétrole est parfait comme qualité de lumière, et comme économie, il n'a pas son pareil. Mais il faut l'employer avec prudence, car il donne lieu à de graves accidents, Pour éviter cet inconvénient, il est nécessaire de préparer les lampes le matin au grand jour. Montez la mèche de façon à ce que la partie brûlée sorte de la monture de métal de la longueur d'un millimètre, frottez-la avec un linge grossier pour en faire tomber la partie carbonisée, puis remplissez le réservoir jusqu'à deux doigts du bord supérieur, de façon à n'avoir plus à y toucher qu'au moment de l'allumer. Pour éteindre, descendez la mèche légèrement, puis soufflez avant de la descendre tout-à-fait.

Le Chauffage

Le chauffage au coke est commode et économique. Il

donne plus de chaleur que le bois, et n'a pas l'intensité du feu de houille qui présente de grands inconvénients pour la cuisine. L'allumage du coke se fait par un petit feu de bois sur lequel on étale de menus morceaux de coke en très petite quantité, pour qu'il n'étouffe pas la flamme. La flambée bien établie, prenez des cendres de coke (la cendre de bois se réservant pour les lessives), mélangez-y de la poussière de coke restée au fond de la caisse, arrosez d'un peu d'eau pour en faire une pâte très épaisse et étalez-la sur le feu ; vous obtiendrez alors une chaleur égale et de très longue durée, pour peu que vous preniez le soin de gratter le dessous du feu à travers la grille de temps à autre, avec le crochet de fer, ce qui ménage le passage de l'air nécessaire à la flamme.

Si vous n'avez pas les moyens d'acheter un poêle à coke, et que le vôtre soit un poêle à bois, procédez de la sorte : Prenez de la sciure de bois, mélangez-y de la cendre et de la poussière de houille ; ajoutez de l'eau pour en faire un enduit épais, et mettez cette préparation sur les bûches une fois qu'elles seront bien enflammées et déjà un peu en braises. Vous en obtiendrez un fort bon résultat.

Le savon

Le savon doit être tenu dans en endroit sec et chaud. Il est bon de l'acheter plusieurs semaines à l'avance, pour les lessives surtout, car, un savon bien sec se fond moins vite, fait deux fois plus d'emploi qu'un savon frais et mou.

Je terminerai en mettant les jeunes femmes en garde contre le manque de tête, de mémoire et contre l'étourderie, défauts qui amènent d'irréparables déficits dans le budget de la semaine : provisions perdues par manque de

4

surveillance, pommes de terre brûlées par manque de soin, qu'on est obligé de jeter parce qu'elles ne sont plus mangeables, légumes oubliés dans un coin de la cuisine, qui se flétrissent ou qui moisissent, accidents qui absorbent les quelques petites économies qu'on aurait pu mettre à la caisse d'épargne. Je joins à ces pertes regrettables celles causées par du linge roussi au fourneau en faisant la cuisine, ou bien mal entretenu par un raccommodage insuffisant ou trop tardif : une déchirure, si petite qu'elle soit, doit être réparée immédiatement, faute de quoi elle s'agrandit, devient difficile ou impossible à recoudre, et le vêtement, qui eût pu durer quelques semaines encore, se trouve perdu. Ces petits accidents, qui ne paraissent pas avoir d'importance, peuvent représenter une somme très considérable au bout de l'année.

Voyez aussi à mettre toujours chaque chose à la même place : sur le dressoir de la cuisine, les assiettes d'un côté, les verres de l'autre ; vos ustensiles de cuisine au même clou. Dans l'armoire, votre robe au même crochet, et votre jupon au sien, sans jamais varier. Vous épargnerez par cet ordre un temps précieux qui se perd à chercher toujours une chose ou l'autre, sans compter que cet ennui perpétuel engendre la mauvaise humeur. Les petites choses qui servent à la couture ont une habitude particulière de s'égarer ; il faut que le dé, les ciseaux, les fils, les aiguilles ne quittent jamais leur petite corbeille. Même pendant les heures de couture, il est bon de la garder toujours devant soi pour y poser, dès qu'on se lève, tous ces petits objets si prompts à rouler à terre et à se perdre sous les meubles.

Les lessives

Préparation de l'eau de cendre

L'eau de cendre mélangée à l'eau de savon est d'un emploi économique, elle rend le linge blanc et facilite les lessives.

Mettez une grosse toile au-dessus d'un baquet, placez-y les cendres, versez par-dessus de l'eau bouillante, de manière à ce qu'après avoir mouillé les cendres, elle se tamise à travers la toile et retombe dans le baquet. L'eau doit être maintenue bouillante et versée par très petites quantités, jusqu'à ce que le baquet soit rempli. Placez alors la toile contenant les cendres sur un autre baquet. Faites bouillir l'eau cendrée que vous venez de préparer, versez-la de nouveau sur les mêmes cendres par petites quantités, comme la première fois. Il faut éviter de faire cette eau trop forte, elle brûlerait le linge ; elle est à point lorsqu'elle a pris la teinte de la bière.

On ne peut pas employer l'eau de cendre pour les tissus de couleur, ils en sortiraient déteints.

Ayez soin de placer le linge à l'eau de cendre de façon à ce que celle-ci le dépasse de trois ou quatre doigts, car, chaque portion d'étoffe sortant de l'eau pendant cette opération, serait brûlée ou affaiblie tout au moins d'une façon regrettable.

Manière de lessiver le linge

Mettez le linge dans un baquet d'eau tiède, mais non chaude, ce qui y fixerait les taches ; faites-le tremper à fond. Prenez chaque pièce de linge l'une après l'autre, étalez-la

sur la planchette, — ou simplement sur votre table de cuisine si cela vous était plus commode, — et frottez-la de
savon en tous sens. Remettez-la au fond du baquet après
l'avoir roulée sur elle-même. Quand toutes les pièces seront
savonnées, laissez-les reposer dans le baquet pendant deux
ou trois heures, comme il est dit pour le savonnage du
lundi.

Frottez à nouveau avec les mains pour enlever le plus
fort de la salissure, et replacez le linge ainsi dégrossi dans
un baquet. Versez-y de l'eau de savon bouillante mélangée
d'eau de cendre, de manière à ce qu'elle recouvre le linge
complètement ; laisser reposer pendant une demi-heure.
Reprenez cette eau avec une puisoir et faites-la bouillir ;
reversez-la sur le linge. Laissez encore reposer pendant une
demi-heure ; faites trois de ces coulées. Laissez le linge
tremper jusqu'à ce que vous ayez le temps de le rincer.
Opérez le rinçage avec le plus grand soin, pièce par pièce,
et si possible à l'eau courante ou dans un baquet rempli
d'eau fraîche qu'il faudra renouveler souvent,

Préparez le bleu dans un baquet d'eau froide ; mettez très
peu de cette couleur, le linge en sera d'un plus beau blanc.
Remuez pour égaliser la teinte de l'eau, puis passez-y
chaque pièce de linge séparément, l'une après l'autre. En
été, si vous pouvez laver en plein air, étendez le linge cou-
vert de savon au grand soleil, pendant une heure ou deux,
en le maintenant humide ; vous obtiendrez ainsi des lessives
d'une blancheur superbe, pour peu que vous le rinciez soigneusement. Séchez autant que possible au soleil.

L'amidonnage

Mettez une poignée d'amidon dans une terrine avec un

peu d'eau froide. Délayez-le pour faire fondre les grumeaux. Versez deux litres bien mesurés d'eau bouillante par-dessus en remuant vivement; mettez le linge dans cet amidon, puis essorez-le sans le tordre. Détendez le linge en le secouant, roulez-le sur lui-même, puis laissez-le reposer pendant un bon moment, pour qu'il ne soit pas trop mouillé au repassage.

Le repassage

La veille du jour où le repassage doit être fait, on humecte la lessive en trempant ses doigts dans l'eau et en les secouant au-dessus du linge étalé devant soi, sur la table.

On roule la pièce humectée sur elle-même, et on la dépose dans un panier. Les mouchoirs se roulent six par six, les tabliers trois par trois. L'humectage terminé, recouvrez le panier d'un linge, afin que l'humidité s'y maintienne jusqu'au moment du repassage.

Il est urgent d'essayer le fer, chaque fois qu'on le reprend du chauffage, sur un morceau de chiffon, pour s'assurer de la chaleur qui, trop forte, brûlerait irrémédiablement la pièce repassée.

MODÈLE D'UN LIVRE DE COMPTE POUR LE MÉNAGE

1899	JANVIER
Entrées du 1er au 15 Janvier	*Dépenses*
Quinzaine du père............... 32f50	Le 2. Loyer.................... 5f00
Journées de la femme........... 5 00	Le 3. Cretonne pour chemises.... 2 20
————	Le 5. Coke.................... 1 50
37 50	— Un sac de pommes de terre . 3 00
	Le 15. Boulanger 10 00
	— Epicier................. 7 50
	— Boucher................. 4 50
	— Mis en réserve pour l'achat
	d'une commode 2 55
	— Economies placées à la caisse
	d'épargne............. 1 25
	————
	37 50

DEUXIÈME PARTIE

LE LIVRE DE CUISINE

CHAPITRE PREMIER

Soupes servant de repas complet.

CHAPITRE PREMIER

Soupes servant de repas complets

Principes généraux
sur la manière de préparer les légumes et les soupes

1° Les prix sont marqués en francs et en centimes.
2° Toutes les recettes de ce livre sont calculées pour deux grandes personnes et quatre enfants.

La manière d'apprêter les repas tient une place importante dans les soins du ménage, car, la bonne entente de la cuisine influe beaucoup sur l'état de santé de la famille. Des soupes, des légumes insuffisamment bouillis, peuvent amener une mauvaise disposition de l'estomac qui, à la longue, devient une maladie. Une cuisine faite avec soin est non seulement plus agréable, mais elle est un aide puissant pour l'entretien des forces et de la santé.

Nous recommandons de faire cuire les soupes ainsi que les légumes, très lentement et longuement sur un feu doux. Un dîner fait à la hâte, sur un feu attisé outre mesure pour rattraper un temps perdu, ne saurait être ni bon, ni sain. Les soupes perdent leur saveur et se réduisent dans une proportion si grande, par une cuisson trop rapide, que l'économie seule exigerait qu'on y veillât de plus près.

Des recherches consciencieuses sur la manière de faire une cuisine économique, nous ont amenés à préférer le lard à toute autre graisse. Grillé, le lard a un goût fort agréable que n'ont pas les graisses très chères......., achetées chez les épiciers, et il offre le grand avantage de ne pouvoir se falsifier. De plus, il remplace souvent une tranche de viande, tout en suffisant largement à graisser un légume ou une soupe. Cette observation, cependant, peut varier d'après les départements, il faut laisser à l'intelligence de la femme de ménage la latitude de faire son choix.

La recette de la graisse que nous employons dans notre école de ménage se trouve au chapitre onzième de ce petit livre ; elle est excellente, blanche, onctueuse et de fort bon goût.

Les proportions de nos repas sont calculées pour deux grandes personnes et quatre enfants. Nous conseillons de les conserver pour une famille moins nombreuse et d'en conserver la moitié pour le lendemain, s'ils devaient être servis à trois personnes seulement, ou d'en réserver le tiers s'il y avait quatre personnes à nourrir.

Les légumes secs, pois, lentilles, haricots, n'occupent plus, de nos jours, la place qui devrait leur être faite dans la cuisine journalière. S'ils ne sont pas appréciés à leur juste valeur, c'est que nos ménagères ne mettent pas à leur préparation les soins nécessaires. Cuits d'après nos recettes, ils deviennent un des meilleurs légumes de la cuisine bourgeoise. De plus, nous les recommandons comme très utiles à la santé, leurs principes fortifiants en font un véritable remède pour les personnes délicates, souffrant de faiblesse, d'anémie, de manque d'appétit.

Avec deux ou trois cuillerées de ces légumes, ajoutés et mélangés à une assiettée de potage, une personne qui ne se donne pas beaucoup de mouvement, qui n'use pas ses forces par un travail fatigant, se trouve suffisamment nourrie. On devrait servir de ces légumes au moins une fois par semaine comme légume, et une fois préparés en soupe.

On croit, à tort, que ces légumes sont lourds à l'estomac ; mais, au contraire, les personnes qui souffrent de l'estomac s'en trouvent fort bien, à la condition de les réduire en purée en les passant àtravers l'écumoire ; les petites pelures s'en trouvent ainsi séparées, et la purée allégée devient très digestive.

Tous ces légumes doivent être mis sur le feu dans une marmite d'eau froide salée, car, des légumes secs mis à l'eau chaude restent secs et durs.

On leur reproche souvent leur rudesse ; c'est une erreur répandue par les personnes qui ne savent pas les préparer. Cependant, parfois, les marchands vous livrent des légumes trop vieux, alors on comprend qu'ils ne peuvent conserver leur fondant ; il faut, dans ce cas-là, s'adresser à un épicier plus consciencieux.

Soupe maigre aux haricots blancs
Faisant en même temps un légume
(Très recommandé)

Une livre de haricots blancs	Fr. 0.25
3 cuillerées de farine..................	0.07
1/4 de litre de lait	0.05
Carottes, poireaux	0.05
Beurre fondu	0.20
Pain................................	0.05
	Fr. 0.67

Mettez à la marmite 3 litres d'eau froide, soit un demi-litre par personne, et un demi-litre ajouté en sus pour l'évaporation. Les haricots blancs doivent être mis la veille dans un pot d'eau froide, cela les ramollit et en rend la cuisson plus facile. Mettez ces haricots dans la marmite d'eau froide, avec les carottes et les poireaux coupés en petites tranches; laissez-les cuire doucement jusqu'à ce qu'ils soient mous, mais non réduits en bouillie. Cela doit durer environ deux heures. Versez alors l'eau dans une autre marmite, et laissez-la bouillir à tout petits bouillons. Coupez le pain en tranches fines, mettez-les sur le feu avec la moitié de la graisse préparée, et laissez jaunir ce pain en remuant vivement avec la cuillère de bois; versez ce mélange de pain et de graisse dans l'eau de vos haricots, et laissez cuire doucement jusqu'à l'heure du repas, vous aurez ainsi préparé une soupe excellente. D'un autre côté, remettez les haricots sur le feu avec trois ou quatre cuillerées de la cuisson. Délayez la farine et le lait froid; remuez bien jusqu'à ce que tout grumeau ait disparu. Versez ce mélange dans les haricots, remuez encore, ajoutez la graisse restante et laissez cuire très doucement pendant une demi-heure.

Nota. — Pour toutes les soupes qui demandent une aussi longue cuisson, je conseillerai, pour ménager le combustible, de les faire cuire à moitié en même temps que le dîner de la veille.

Soupe aux haricots blancs au gras

1 livre haricots blancs................	Fr. 0.25
1/2 livre de lard....................	0.45
Choux, poireaux	0.05
	Fr. 0.75

Triez les haricots blancs, mettez-les à l'eau froide la veille du jour où vous voudrez les faire cuire. Mettez-les dans la marmite avec deux litres d'eau froide, le chou et les poireaux coupés fins ; faites cuire pendant une heure. Coupez le lard en morceaux, faites-le jaunir à la casserole en le retournant de tous côtés jusqu'à ce qu'il sente bon. Versez par-dessus un litre et demi d'eau froide et laissez chauffer pendant un quart d'heure, versez le lard avec son bouillon dans les hrricots, ajoutez le sel nécessaire et laissez cuire encore pendant deux heures, en remuant de temps à autre avec la cuillère de bois.

Soupe aux pois secs et au riz

1/2 livre de pois.....................	Fr.	0.15
1/2 livre de riz......................		0.15
1/2 livre de lard.....................		0.45
Poireaux, verdure, persil.............		0.05
	Fr.	0.80

Mettez les pois soigneusement triés et lavés à la marmite avec trois litres et demi d'eau froide, le riz, le sel nécessaire, le persil, les poireaux, la verdure, hachés fins, le lard coupé en morceaux, et laissez cuire pendant trois heures, en remuant de temps à autre.

Soupe aux pois secs au maigre

1 livre de pois secs	Fr.	0.25
1/2 litre de lait.....................		0.10
100 grammes de beurre fondu...........		0.20
Poireaux, verdure.....................		0.05
	Fr.	0.60

Nota. — Nous entendons par « verdure », le persil, la ciboule, le cerfeuil, et aussi la salade hachée, qui est la meilleure des verdures pour les soupes, mais qui a l'inconvénient d'être assez chère.

Mettez les pois à la marmite, dans trois litres d'eau froide, après les avoir triés soigneusement et les avoir lavés à l'eau fraîche. Ajoutez le sel nécessaire, les poireaux et la verdure hachés fins, et laissez cuire pendant deux heures. Ajoutez le beurre fondu, remuez avec la cuillère de bois pour bien faire le mélange, ajoutez le lait, et laissez cuire encore pendant une heure.

Soupe aux lentilles au gras

1 livre de lentilles	Fr. 0.25
1/2 livre de lard....................	0.45
Poireaux, verdure..................	0.05
	Fr. 0.75

Mettez les lentilles, soigneusement triées et lavées, à la marmite avec trois litres et demi d'eau froide, le sel nécessaire, les poireaux et la verdure hachés fins, le lard coupé en morceaux, et laissez cuire pendant trois heures, en remuant de temps à autre et en ayant soin que le feu ne soit pas trop ardent ; cette soupe, comme toutes les autres soupes, doit cuire à petits bouillons.

Soupe veloutée

2 cuillerées de farine................	Fr. 0.02
Lait, 3 cuillerées	0.01
Un œuf	0.10
	Fr. 0.13

Mettez à la marmite l'eau dans laquelle vous aurez fait bouillir soit de la fraise de veau, des pommes de terre, un légume sec, des choux ou tout autre légume. Laissez bouillir. Délayez la farine dans trois ou quatre cuillerées de ce bouillon que vous aurez laissé refroidir, remuez vivement ce mélange pour en faire une bouillie fine et sans grumeaux. Versez-la dans la cuisson, remuez un moment et laissez cuire pendant 20 minutes. Cassez l'œuf au fond de la soupière, ajoutez le lait, remuez pour bien mélanger, versez-y la soupe, mélangez bien et servez.

Soupe aux lentilles au maigre

1 livre de lentilles.....................	Fr.	0.25
1|2 litre de lait......................		0.10
100 grammes de beurre fondu..........		0.20
Poireaux, Oignons, verdure...........		0.10
	Fr.	0.65

Triez les lentilles avec soin, lavez-les, mettez-les dans la marmite avec trois litres d'eau froide, le sel nécessaire, les poireaux et la verdure hachés fins, laissez cuire pendant deux heures. Hachez les oignons, mettez-les dorer légèrement dans le beurre fondu, mais ne les laissez pas durcir. il faut qu'ils restent blonds et mous. Versez-les dans la soupe avec la graisse chaude, remuez bien pendant un instant. Ajoutez-le lait, remuez encore, et laissez cuire encore pendant une heure.

5

Soupe au gruau d'avoine

Gruau d'avoine	Fr.	0.15
1|2 litre de lait		0.10
60 grammes de graisse		0.10
Pain		0.10
	Fr.	0.45

Mettez le gruau reposer dans une tasse d'eau bouillante pendant dix minutes. Mettez 3 litres d'eau à la marmite avec le sel nécessaire et le gruau, remuez bien jusqu'à ce que l'eau bouillisse. Ajoutez la graisse, remuez vivement pour faire le mélange et laissez cuire pendant 2 heures. Coupez le pain en tranches fines, faites le jaunir sur le fourneau, mettez-le dans la soupière, versez le lait bouillant par dessus et de suite après la soupe au gruau, remuez vivement dans la soupière pour mélanger à fond le lait au gruau et servez.

Si votre budget le permet, vous pouvez ajouter un œuf à cette soupe, il faudra dans ce cas le délayer dans 3 ou 4 cuillerées de lait froid et le verser au fond de la soupière, puis ajouter le pain, le lait, la soupe et bien remuer le tout avant de servir.

Soupe aux navets et aux pommes de terre

Navets	Fr.	0.15
Pommes de terre		0.15
Pain		0.10
1,|2 livre de lard gras		0.45
	Fr.	0.85

Mettez trois litres et demi d'eau froide à la marmite, avec le sel nécessaire et une petite pincée de poivre. Ajoutez-y les navets, les pommes de terre et le pain coupé en petits morceaux. Mettez cuire sur un feu doux. Coupez le lard en carrelets, faites-le jaunir à la casserole pendant 5 ou 6 minutes, pour en développer le parfum et en tirer une partie de la graisse. Versez ces petits morceaux, avec la graisse qui en est découlée, dans la soupe et laissez cuire deux heures, en ayant soin de remuer de temps en temps avec la cuillère de bois et en veillant à ce qu'elle ne se brûle pas.

Soupe aux pommes de terre

4 livres de pommes de terre..........	Fr. 0.20
Pain.............................	0.15
125 grammes de graisse.............	0.20
Oignons...........................	0.05
	Fr. 0.60

Après avoir pelé et coupé les pommes de terre, lavez-les à l'eau froide, puis mettez-les à la marmite avec trois litres d'eau, le sel nécessaire. Laissez cuire sur un feu assez vif pendant une heure. Hachez l'oignon, faites-le jaunir dans la graisse, versez graisse et oignon dans la soupe, ajoutez le pain coupé en petits morceaux, et laissez cuire encore pendant une heure. Si cette soupe vous semblait trop épaisse, il faudrait y ajouter un peu d'eau chaude et la laisser cuire encore pendant un quart d'heure.

Soupe verte

1/4 de livre de graisse, soit 125 gr.....	Fr. 0.20
Choux...........................	0.10
Salade...........................	0.20
Persil, cerfeuil, poireau, oignon	0.10
2 livres de pommes de terre	0.10
	Fr. 0.70

Nota. — La graisse est plus économique que le beurre fondu. (Voir la recette de la graisse de ménage au chapitre XI.)

Epluchez les légumes et pelez les pommes de terre, lavez-les à l'eau fraiche. Hachez-les, mettez-les à la marmite avec la graisse, remuez ce mélange pendant un instant, en ayant soin de ne pas le laisser s'attacher à la marmite. Ajoutez trois litres et demi d'eau, le pain coupé en tranches fines, le sel nécessaire, et laissez cuire pendant deux heures et demie.

Soupe à l'orge au gras

1 livre de bœuf....................	Fr. 0.60
1 livre d'orge	0.25
Chou, verdure, oignon..............	0.10
1 livre de pommes de terre	0.05
	Fr. 1.00

Mettez le bœuf à la marmite avec trois litres et demi d'eau chaude, le sel nécessaire, l'orge trié et lavé, le chou coupé en 4, les pommes de terre coupées en morceaux assez gros, la verdure, l'oignon coupé en deux ; laissez cuire pendant trois à quatre heures sur un feu très doux. Cette soupe ne doit pas bouillir à gros bouillons, mais perler seulement pendant tout le temps de la cuisson.

Soupe grasse

1 livre de bœuf......................	Fr, 0.60
Chou, oignon.......................	0.05
Persil, poireaux.....................	0.05
Pommes de terre....................	0.02
Pain en bâton.......................	0.15
	Fr. 0.87

Mettez le bœuf à la marmite avec trois litres et demi d'eau chaude, ajoutez-y les pommes de terre coupées en deux morceaux et pelées, le chou coupé en quatre, l'oignon entier, les poireaux et le persil entiers, liés ensemble par un fil, pour pouvoir les retirer avant de servir, ajoutez le sel. Laissez cuire très doucement pendant 3 à 4 heures. Coupez la baguette de pain en tranches minces, mettez ces tranches dans votre soupière. Retirez les légumes de la marmite avec l'écumoire, mettez-les sur un plat. Versez le bouillon dans la soupière et servez. Posez le bœuf sur le plat où vous avez mis les légumes, et mettez-les sur la table en même temps que la soupe, pour les manger à volonté dans le bouillon, ou seuls après avec le bœuf. La ciboule coupée en tout petits morceaux est très bonne dans la soupe grasse ; on la met dans la soupière en même temps que les tranches de pain.

Nota. — On peut cultiver la ciboule soi-même dans des pots qu'on place sur la fenêtre de la cuisine. On obtient de cette façon, à peu de frais, un excellent condiment qu'on peut utiliser dans beaucoup de mets.

Je ferai observer encore que la cuisson lente de la soupe grasse a deux raisons pour être observée avec soin. D'abord, un bouillon cuit sur un feu vif perd la finesse de son goût; deuxièmement, lorsque le bouillon bout fortement, il s'envole en vapeur, et la marmite se vide rapidement, mauvais bénéfice qu'il faut éviter à tout prix.

Soupe à l'orge et au riz

1/2 livre d'orge.....................	Fr. 0.15
1/2 livre de riz.....................	0.15
1/4 de lard, soit 135 grammes........	0.20
Poireau, oignon.....................	0.05
Pain................................	0.10
	Fr. 0.65

Triez le riz et l'orge, mettez-les à la marmite avec 3 litres 1/2 d'eau froide, le sel nécessaire, le poireau coupé en petits morceaux avec l'oignon coupé en quatre. Coupez le lard en morceaux, mettez-le à la poêle pour lui faire prendre couleur, Versez-le dans la soupe avec la graisse qui en sera découlée; mélangez avec la cuillère de bois, et laissez cuire doucement pendant 3 heures 1/2.

Julienne aux gros légumes

Pain................................	Fr. 0.10
Lait ou crème......................	0.10
Pommes de terre.....................	0.10
Choux	0.10
Carottes et raves	0.10
Persil, céleri, oignons, poireaux......	0.10
Graisse, 125 grammes	0.20
	Fr. 0.80

Coupez les légumes en très petits morceaux ou hachez-les, lavez-les à l'eau fraiche. Mettez-les dans la marmite avec la graisse, tournez vivement avec la cuillère de bois afin d'éviter qu'ils s'attachent. Ajoutez 3 litres 1/2 d'eau, du sel et laissez cuire doucement pendant 3 heures, en remuant de temps en temps et en surveillant le feu qui ne doit jamais s'éteindre sous une soupe. Versez-y le lait ou la crème, le pain coupé en tranches minces, et servez quelques minutes après.

La même soupe, moins cher, en supprimant les dix centimes de lait ou de crème.

Soupe aux nouilles

A faire si vous avez quelques nouilles de reste du vendredi

85 grammes de farine...............	Fr. 0.05
1 litre de lait	0.20
Pain............................	0.10
	Fr. 0.35

Mettez le lait à la marmite avec 2 litres 1/2 d'eau, ajoutez le sel nécessaire. Prenez un peu de lait froid dans une tasse, délayez-y la farine, remuez bien pour faire fondre tous les grumeaux, et versez ce mélange dans la soupe; ajoutez les nouilles et laissez cuire pendant 3/4 d'heure. Coupez le pain en tranches minces, mettez-le au fond de la soupière, versez la soupe par dessus et servez.

Soupe d'orge au maigre

1 livre d'orge....................	Fr. 0.30
1 livre de pommes de terre	0.05
Poireaux, verdure................	0.05
125 grammes beurre fondu	0.25
	Fr. 0.65

Mettez 3 litres 1/2 d'eau à la marmite avec du sel. Ajoutez-y l'orge triée et lavée, les poireaux coupés en morceaux et lavés à l'eau fraîche; ajoutez les pommes de terre pelées, coupées en petits morceaux et bien lavées, avec la graisse, et laissez cuire 3 heures au moins sur un feu très modéré.

Soupe chartreuse

Lard, 1/2 livre	Fr.	0.45
Lentilles		0.10
Pois secs		0.10
Haricots blancs		0.10
Poireaux, oignons, verdure		0.10
Pain		0.10
	Fr.	0.95

Triez les légumes secs et mettez-les à l'eau froide la veille du jour où vous voudrez les employer. Mettez 3 litres 1/2 d'eau froide à la marmite, le sel nécessaire, les légumes secs, les poireaux lavés et coupés en morceaux, l'oignon coupé en deux, le pain coupé en tranches minces. Divisez le lard en plusieurs morceaux, faites-le roussir à la casserole, puis versez dans la soupe avec la graisse qui en aura découlé. Laissez cuire sur un feu modéré pendant 3 heures.

Soupe aux pommes de terre

Pommes de terre, 4 livres	Fr.	0.20
Pain		0.15
Poireaux		0.05
1/4 de graisse, soit 125 grammes		0.20
Lait, 1/2 litre		0.10
	Fr.	0.70

Pelez les pommes de terre, coupez-les en tranches minces, lavez-les, mettez-les à la marmite avec 3 litres 1/2 d'eau, le sel nécessaire, les poireaux hachés fin. le pain coupé en petites tranches et la graisse. Laissez cuire doucement pendant 1 heure 1/2 ; ajoutez le lait, laissez cuire encore pendant 1/4 d'heure et servez.

Soupe au riz gras

1 livre de bœuf......................	Fr.	0.60
1 livre de riz.......................		0.30
Oignon, poireaux, verdure		0.05
	Fr.	0.95

Faites bouillir 3 litres 1/2 d'eau, mettez-y le bœuf, que vous aurez battu fortement pour l'amollir, la verdure et le poireau hachés fins, l'oignon coupé en deux, le riz bien trié et lavé. Laissez cuire pendant 3 heures sur un feu très doux. Le riz s'attache aisément, il faut y porter une grande attention,

Soupe macédoine

Riz, 1/2 livre	Fr.	0.15
Choux		0.10
Raves.............................		0.05
Pommes de terre....................		0.10
Graisse ou lard, 160 grammes		0.25
	Fr.	0.65.

Épluchez les légumes, lavez-les à l'eau fraîche et hachez-les fin. Mettez-les à la marmite avec 3 litres 1/2 d'eau; ajoutez le sel nécessaire, le riz trié et lavé, la graisse ou le lard coupés en petits morceaux et laissez cuire pendant 2 heures 1/2 sur un feu modéré.

Soupe au riz maigre

Riz, 1 livre......................	Fr.	0.30
Oignons........................		0.05
Lait..........................		0.20
100 grammes de beurre fondu........		0.20
	Fr.	0.75

Mettez le riz trié et lavé à la marmite avec 3 litres 1/2 d'eau, le sel nécessaire. Laissez cuire pendant 1 heure 3/4. Ajoutez le lait, et laissez cuire encore pendant 1/4 d'heure. Faites jaunir l'oignon haché dans le beurre fondu, versez-le dans la soupe avec la graisse chaude, remuez bien et servez. Faites bien attention que cette soupe ne s'attache pas, ce qui arrive facilement, évitez pour cela un feu trop vif.

Soupe aux choux

Choux.........................	Fr.	0.10
1/2 livre de lard.................		0.45
Persil, oignon, poireaux		0.05
Pain.........................		0.10
	Fr.	0.70

Hachez les choux, lavez-les à l'eau fraîche. Coupez le lard en morceaux, mettez-le à la marmite avec deux tasses d'eau chaude ; laissez-le bouillir pendant 1/4 d'heure, ajoutez-y les choux hachés, la verdure, l'oignon coupé en deux. Tournez bien avec la cuillère de bois pour que le mélange ne brûle pas. Ajoutez 2 litres 1/2 d'eau. le sel nécessaire, le pain coupé en petites tranches fines, et laissez cuire pendant 3 heures sur un feu modéré.

Nota. — Cette soupe devient meilleure encore avec un morceau de lard plus gros ; c'est à la femme de ménage de savoir si son budget lui permet de faire cette dépense en plus.

Soupe à la farine

Farine, 3/4 de livre..................	Fr. 0.20
Graisse, 80 grammes	0.15
Pain............................	0.10
Lait, 1 litre.....................	0.20
	Fr. 0.65

Mettez la graisse et la farine en même temps à la marmite ; remuez rapidement sur un feu vif jusqu'à ce que la farine ait pris une teinte foncée, couleur chocolat. Évitez avec soin que quelque parcelle de cette farine s'attache à la marmite, ce qui mettrait des grumeaux noirs dans la soupe, ajoutez peu à peu en remuant toujours 3 litres 1/2 d'eau, le sel nécessaire, ajoutez le pain coupé en tranches minces, laissez cuire pendant trois quarts d'heure, ajoutez le lait, remuez bien avec la cuillère de bois et laissez cuire encore pendant un quart d'heure.

Soupe à l'oignon

3 gros oignons	Fr. 0.15
Pain............................	0.20
Lait, 1/2 litre....................	0.10
Farine..........................	0.01
Graisse, 125 grammes	0.20
	Fr. 0.66

Pelez les oignons, hachez-les menu, mettez-les jaunir à la marmite avec la graisse, mais ne les brûlez pas, ils doivent rester blonds et mous, remuez vivement pour cela pendant quelques minutes. Ajoutez la farine, remuez encore vivement pendant quelques minutes. Ajoutez 3 litres 1/2 d'eau, le sel nécessaire, le pain coupé en tranches fines, remuez bien ce mélange avec la cuillère de bois et laissez cuire 1 heure un quart. Ajoutez le lait, faites cuire encore pendant un quart d'heure et servez. Comme pour toutes les soupes, il faut remuer de temps à autre pendant la cuisson.

Soupe à la semoule grillée

Semoule, 3/4 de livre	Fr.	0.20
Graisse, 160 grammes		0.25
Pain		0.10
Lait, 3/4 de litre		0.15
	Fr.	0.70

Mettez la semoule à la marmite avec la graisse, remuez vivement sur un feu vif pour la faire brunir en ayant soin d'éviter qu'elle s'attache, versez-y 2 litres 1/2 d'eau, le pain coupé en tranches fines et le sel nécessaire. Laissez cuire pendant 1 heure un quart. Ajoutez le lait, remuez bien pour faire le mélange et laissez cuire encore un quart d'heure, remuez cette soupe de temps à autre pendant la cuisson.

Soupe panade

125 grammes de graisse	Fr.	0.20
Pain, 1 livre		0.15
Farine, 1 cuillerée		0.02
Lait, 1 litre		0.20
	Fr.	0.57

Coupez le pain en tranches minces et faites-le jaunir avec la graisse dans la marmite, ajoutez un demi-litre d'eau, remuez bien en ayant soin de ne pas vous brûler à la forte vapeur qui se dégage au contact de l'eau avec la graisse brûlante. Ajoutez 2 litres d'eau et laissez cuire pendant une heure en remuant vivement de temps à autre avec la cuillère de bois. Délayez bien la farine dans un peu de lait, jusqu'à ce que tous les grumeaux soient fondus, versez ce mélange dans la soupe, ajoutez le reste du lait, le sel nécessaire et laissez cuire encore pendant un quart d'heure, après avoir bien remué le mélange.

Soupe aux pois verts

Farine, 1 cuillerée..................	Fr. 0.01
Pois verts........................	0.35
Salade, oignon, verdure	0.15
Graisse, 100 grammes	0.16
Pain.............................	0.10
	Fr. 0.77

Mettez les pois à la marmite avec trois litres d'eau, le sel nécessaire, la verdure et la salade finement hachées, le pain coupé en tranches minces, laissez cuire pendant une demi-heure. Hachez l'oignon, mettez-le jaunir à la casserole dans la graisse, versez le tout dans la soupe. Délayez la farine avec deux ou trois cuillerées d'eau froide, ajoutez-la à la soupe, remuez bien pour opérer le mélange et laissez cuire encore pendant trois quarts d'heure.

SOUPES POUR LES TEMPS DIFFICILES

Soupe aux pommes de terre

Pommes de terre, 5 livres............	Fr.	0.25
Lait, 1/2 litre....................		0.10
Graisse, 60 grammes		0.10
	Fr.	0.45

Mettez les pommes de terre pelées, coupées en morceaux, et bien lavées, à la marmite avec 3 litres d'eau, le sel nécessaire et la graisse. Laissez cuire doucement pendant une heure en remuant de temps à autre avec la cuillère de bois. Ajoutez le lait et laissez cuire encore pendant un quart d'heure, puis servez.

Soupe à la semoule

Semoule, 1/2 livre................	Fr.	0.15
Pain		0.10
Graisse, 30 grammes		0.05
Lait, 3/4 de litres................		0.15
	Fr.	0.45

Mettez dans la marmite 3 litres d'eau, le sel nécessaire, le pain coupé en tranches fines et la graisse, laissez bouillir. Au premier bouillon, laissez-y tomber de haut la semoule, remuez bien pour opérer le mélange, laissez cuire pendant trois quarts d'heure, en remuant de temps en temps avec la cuillère de bois. Ajoutez le lait, remuez bien pendant un instant, et laissez cuire encore pendant dix minutes.

Soupe à la farine

Farine, 3/4 de livre	Fr.	0.20
Graisse, 60 grammes		0.10
Pain............................		0.10
	Fr.	0.45

Mettez la graisse et la farine sur le feu, remuez vivement avec la cuillère de bois jusqu'à ce que la farine soit d'un brun très foncé ; ajoutez peu à peu 3 litres et demi d'eau, les tranches de pain coupées petites et minces, le sel néces-saire, et laissez cuire pendant une heure.

Panade économique

Lait, 1/2 litre.....................	Fr.	0.10
Pain		0.20
Graisse, 30 grammes		0.05
	Fr.	0.35

Mettez le pain roussir sur le fourneau, cassez-le en petits morceaux, mettez-le dans la graissse et remuez vivement pendant une minute. Ajoutez 3 litres d'eau, le sel nécessaire, et laissez cuire pendant trois quarts d'heure en remuant de temps en temps avec la cuillère de bois, Ajoutez le lait, laissez cuire encore dix minutes et servez.

Soupe maigre

Beurre fondu	Fr.	0.16
Pain............................		0.05
Semoule, 1/2 livre		0.15
	Fr.	3.60

Faites chauffer la graisse à petite température, émiettez-y le pain et laissez-le jaunir légèrement, ajoutez 3 litres 1/2 d'eau, le sel nécessaire, et laissez cuire doucement pendant un quart d'heure. Remuez bien pour mélanger le pain à l'eau, puis versez-y la semoule en la tenant dans votre main et en la laissant tomber de haut dans la marmite, en continuant à remuer avec la cuillère de bois. Laissez cuire pendant une demi-heure encore et servez.

Soupe au riz

70 grammes de riz...................	Fr. 0.10
80 grammes de farine...............	0.05
1/2 litre de lait	0.10
Graisse, 60 grammes	0.10
	Fr. 0.35

Mettez le riz à la marmite avec 3 litres d'eau, le sel nécessaire et la graisse ; remuez pendant un moment pour opérer le mélange. Laissez cuire pendant une demi-heure en remuant de temps à autre avec la cuillère en bois. Prenez deux ou trois cuillerées de l'eau de la soupe, mettez-les dans une tasse, laissez refroidir un moment, ajoutez-y la farine en remuant vivement pour en détruire les boulettes et ajoutez ce mélange à la soupe avec le sel nécessaire et laissez cuire pendant encore une demi-heure ; puis ajoutez le lait, remuez bien, laissez sur un feu doux pendant un quart d'heure et servez.

Soupe aux haricots de Soissons secs

1 livre de haricots de Soissons........	Fr. 0.30
1 livre de pommes de terre...........	0.05
Verdure, poireaux, persil	0.02
Graisse, 125 grammes	0.20
	Fr. 0.57

6

Mettez les haricots à l'eau froide la veille du jour où vous voudrez les faire cuire. Pelez-les en les passant entre vos doigts au moment de les mettre sur le feu. Mettez à la marmite deux litres d'eau, le sel nécessaire, ajoutez les haricots, la verdure et les poireaux hachés fins et laissez cuire pendant 2 heures. Coupez les pommes de terre pelées, en petits morceaux, lavez-les à l'eau fraiche, ajoutez-les aux haricots avec un litre et demi d'eau chaude, remuez bien pour faire le mélange, et laissez cuire encore pendant une heure.

Emiettez la mie de pain, faites-la jaunir dans la graisse et versez le tout dans la soupe en tournant vivement, puis servez.

CHAPITRE II

Légumes servant de repas complets

CHAPITRE II

Légumes servant de repas complets

Proportion pour 2 grandes personnes et 4 enfants

Choucroute pour deux repas

2 livres de choucroute.................	Fr. 0.30
60 grammes de graisse.................	0.10
3/4 de livre de lard..................	0.70
3 livres de pommes de terre............	0.15
	Fr. 1.25

Lavez la choucroute à l'eau fraîche, mettez-la à la marmite avec un demi-litre d'eau froide et laissez cuire pendant une heure, Placez le lard sous la choucroute, au fond de la marmite, laissez encore cuire pendant une heure, la marmite couverte de son couvercle pendant tout le temps de la cuisson. Ayez soin de relever de temps en temps la choucroute avec la fourchette à deux dents pour l'alléger. On fait cuire la choucroute selon son goût pendant deux heures ou trois heures en tout. Gardez la moitié du lard et de la choucroute pour le lendemain, et servez toujours avec ce légume des pommes de terre en robe de chambre.

Raves aigres

Pour deux repas

Raves aigres......................	Fr. 0.30
60 grammes de graisse..............	0.10
3/4 de livre de lard...............	0.70
3 livres de pommes de terre..........	0.15
	Fr. 1.25

Faites cuire ces raves comme il est dit pour la choucroute et servez-les avec des pommes de terre en robe de chambre.

Gros choux-raves d'hiver

Choux-raves......................	Fr. 0.30
60 grammes de graisse..............	0.10
3/4 de livre de lard...............	0.70
3 livres de pommes de terre............	0.15
	Fr. 1.25

Coupez les choux-raves en tranches fines, mettez-les à la marmite avec un litre d'eau froide et la graisse. Pelez les pommes de terre, coupez-les en petits dés, lavez-les et ajoutez-les aux choux-raves avec le sel nécessaire ; couvrez la marmite avec son couvercle et laissez cuire pendant une heure en remuant de temps en temps avec la cuillère de bois. Ajoutez le lard et laissez cuire encore pendant une heure. Réservez la moitié de ce légume pour le lendemain.

Nouilles

1 livre 1/2 de farine.................	Fr. 0.45
4 œufs	0.40
80 grammes de graisse	0.15
	Fr. 1.00

Mettez un peu de farine en réserve sur une assiette, pour en saupoudrer le rouleau et la planche. Déposez le reste de la farine sur la planche, faites un creux au sommet du petit tas, versez-y un peu d'eau salée que vous aurez préparé à l'avance dans un verre placé à côté de vous. Pétrissez pendant un moment légèrement, il ne faut pas appuyer durement sur cette pâte que vous rendriez lourde. Versez encore un peu d'eau salée, pétrissez encore, ajoutez un œuf et travaillez la pâte jusqu'à ce qu'il ait disparu, puis un second œuf en l'incorporant complètement, et ainsi de suite jusqu'à ce que les quatre œufs soient mélangés à la pâte qui doit prendre la consistance d'une pâte de pain au lait à peu près. Il faut verser l'eau salée avec soin pour être sûre de n'en pas mettre trop, car les œufs amollissent la pâte. Mettez cette pâte en quatre parties égales que vous roulerez entre vos mains pour leur donner la forme d'un pain au lait. Laissez reposer pendant un quart d'heure; saupoudrez la planche et rouleau de farine. Prenez un des pains de pâte, et abaissez-le avec le rouleau pour l'étaler en une nappe ayant l'épaisseur d'un sou, posez cette nappe sur un linge que vous aurez placé sur la table. Faites de même avec les trois autres pains de pâte qui vous restent. Laissez sécher pendant un moment en ayant soin de ne pas laisser la pâte se durcir, car vous ne pourriez plus la rouler, prenez une de ces nappes de pâte, passez par dessus votre main légèrement trempée de farine, roulez-la aussi serré que possible sans l'écraser et coupez-la en tranches fines coupées sur le travers du rouleau de pâte; secouez ces lanières pour les dérouler. Faites bouillir de l'eau, mettez-y la moitié des nouilles après les avoir secouées vivement, pour les

détacher les unes des autres faute de ce soin, elles se
mettraient en paquet au fond de la marmite et se rédui-
raient en bouillie au lieu de remonter à la surface, sortez
les nouilles de l'eau chaude à mesure qu'elles remontent
en les prenant avec la fourchette à deux dents et déposez-
les dans une terrine d'eau chaude, mais non bouillante.
Mettez l'autre moitié des nouilles à la marmite, dans
la même eau que les première : et faites la même opération
que pour la première moitié. Ayez soin, si l'eau bouillait
à gros bouillons d'y verser un peu d'eau fraîche pour en
modérer le bouillonnement qui doit être lent Sortez les
nouilles de la terrine, faites-les égoutter, déposez-les sur
un plat, mettez chauffer la graisse, versez-la par-dessus les
nouilles que vous soulevez avec une fourchette pour la faire
pénétrer jusqu'au fond du plat. Servez très chaud avec une
salade ou une sauce.

Nota. — Réservez soigneusement l'eau de la cuisson des
nouilles, qui vous fera une soupe excellente. — Mettez quelques tranches de pain coupées petites et minces dans 60
grammes de graisse et laissez-les jaunir. Mettez-les avec la
graisse dans laquelle elles ont jauni dans la cuisson des
nouilles que vous aurez laissé bouillir à l'avance pendant un
quart d'heure — et laissez cuire encore pendant un quart
d'heure. Si vous préférez conserver le pain un peu dur,
servez la soupe dès que vous aurez remué le pain et la graisse.

Pommes de terre en purée

2 livre de pommes de terre	Fr. 0.20
1/2 litre de lait...................	0.20
40 grammes de beurre	0.10
	Fr. 0.40

Pelez les pommes de terre, coupez-les en petits dés, lavez-les, mettez-les à la marmite avec un litre d'eau et du sel, laissez-les s'amollir et écrasez-les avec la cuillère de bois pour les réduire en bouillie. Ajoutez le lait et laissez encore cuire pendant un quart d'heure. On peut placer sur cette purée, des saucisses grillées.

Riz en légume

Le riz est un légume fortifiant et de digestion facile, le prix en est peu élevé. On devrait l'employer beaucoup dans les ménages où le budget est restreint.

1 livre de riz	Fr. 0.30
Oignon..........................	0.05
1/4 de litre de lard	0.25
	Fr. 0.60

Mettez le riz lavé et trié à la marmite avec deux litres d'eau bouillante et le sel nécessaire. Laissez cuire pendant 20 minutes au plus, car le riz cuit en légume doit être mou, mais non réduit en bouillie. Sortez le riz de l'eau bouillante. Hachez l'oignon, coupez le lard en petits dés, laissez-les jaunir ensemble à la casserole, ajoutez-y le riz en secouant vivement la casserole en tous sens, laissez étouffer pendant quelques minutes sous le couvercle en ayant soin de ne pas laisser le riz brûler et servez.

Riz au fromage

1 livre de riz.....................	Fr. 0.30
Fromage de Gruyère..............	0.25
60 grammes de beurre.............	0.10
1/2 litre de lait..................	0.10
	Fr. 0.75

Mettez crever le riz à l'eau de sel bouillante, goûtez pour vous assurer que les grains sont mous ; mettez le lait froid, le beurre et le fromage râpé dans la casserole, remuez vivement sur la flamme jusqu'à ce que vous avez obtenu une espèce de crème, versez-y le riz, remuez bien et servez chaud.

Macaroni au fromage

1 livre de macaroni.................	Fr. 0.40
Fromage de Gruyère.................	0.25
60 grammes de beurre	0.10
1|2 litre de lait...................	0.10
	Fr. 0.85

Brisez les macaronis en morceaux de la longueur d'un doigt environ, mettez-les à la marmite avec trois litres d'eau bouillante salée ; laissez-les bouillir jusqu'à ce qu'ils soient assez mous pour qu'on puisse facilement les percer avec les dents d'une fourchette. Sortez-les de l'eau et mettez-les égoutter. Mettez le lait froid, le beurre et le fromage râpé dans la marmite, le tout en même temps, remuez vivement sur la flamme jusqu'à ce que vous ayez obtenu une sorte de crème. Versez y les macaronis, remuez bien, laissez chauffer à fond en remuant encore et servez.

Nota. — Gardez l'eau dans laquelle vous avez fait bouillir les macaronis, elle fera une excellente base pour une soupe.

Choux rouge

Choux rouges, une belle tête.........	Fr. 0.30
1 pomme...........................	0.05
Graisse, 80 grammes................	0.15
	Fr. 0.50

Coupez les choux en tranches fines. Faites chauffer la graisse, versez-y les choux et remuez vivement. Ajoutez une tasse d'eau, le sel nécessaire. Pelez les pommes, coupez-les en très petits morceaux, ajoutez-les aux choux, remuez bien pendant un moment et laissez cuire deux heures en veillant à ce qu'ils ne s'attachent pas, et en les remuant de temps en temps avec la cuillère de bois.

Légumes au beurre noir

Choux	Fr.	0.10
Pommes de terre.		0.10
Carottes..		0.05
Raves		0.10
Oignon.		0.05
125 grammes de beurre.		0.25
	Fr.	0.65

Epluchez les légumes, raves, choux, carottes, mettez-les cuire dans 3 litres d'eau avec le sel nécessaire pendant deux heures. Pelez les pommes de terre, coupez-les en morceaux, ajoutez-les aux légumes, laissez cuire encore pendant trois-quarts d'heure. Mettez l'oignon haché roussir dans le beurre. Retirez les légumes de la marmite avec l'écumoire, égouttez-les, puis déposez-les sur un plat. Versez le beurre bien chaud avec l'oignon sur ces légumes, en les soulevant avec une fourchette afin que le beurre y pénètre de tous côtés. Mettez une cuillerée de vinaigre dans la poële où vous venez de roussir l'oignon, laissez une seconde sur le feu, et versez rapidement ce vinaigre bouillant sur les légumes, puis servez.

Nota. — Conservez l'eau dans laquelle vous avez fait cuire ce légume pour en mouiller une soupe, qui en sera meilleure.

Pains de semoule

1|2 livre de semoule	Fr. 0.15
80 grammes de graisse..............	0.15
1 litre de lait.	0.20
Oignon	0.05
	Fr. 0.55

Faites bouillir le lait avec un peu de sel, laissez tomber de haut dans ce lait bouillant la semoule qui doit être prête à côté de vous dans un cornet ou dans un verre, tournez vivement jusqu'à ce que le mélange commmence à s'épaissir, puis laissez cuire doucement sur un feu doux pendant une demi-heure : il faut que cette bouillie soit assez épaisse pour qu'on puisse la prendre par morceaux avec une cuillère à soupe. Mettez ces morceaux sur un plat en les empilant les uns sur les autres pour en faire une jolie pyramide. Hachez fin l'oignon, mettez-le jaunir dans la graisse et versez graisse et oignon par dessus vos pains, puis servez chaud. On peut si l'on préfère mettre griller des miettes de pain dans la graisse à la place des oignons.

Pains de semoule *(autre manière)*

1|2 livre de semoule	Fr. 0.15
3 œufs	0.30
	Fr. 0.45

Mettez les jaunes d'œufs dans une terrine, ajoutez-y la semoule, remuez bien pour faire un mélange parfait. Ajoutez le blanc d'œuf battu en neige, mélangez rapidement pour que le mélange se fasse bien, mais le plus vite et le moins longtemps possible pour que la neige ne redevienne pas liquide. Mettez cette pâte cuite par petites cuillerées à l'eau de sel pendant une demi-heure et servez avec une sauce ou une salade.

Carottes et pommes de terre au lard

Carottes............................	Fr. 0.20
4 livres de pommes de terre	0.20
1[2 livre de lard....................	0.45
	Fr. 0.85

Epluchez les carottes, coupez-les en rouelles fines, mettez-les cuire dans deux litres d'eau salée pendant une heure un quart, ajoutez après ce temps les pommes de terre coupées en petits morceaux, pelées et lavées à l'eau fraîche. Si vous aviez un peu trop d'eau à votre légume, ôtez-en un peu avec une cuillère. Coupez le lard en petits dés, mettez-le un instant à la poêle pour le griller un peu. Versez-le avec le jus qui en sera découlé dans les carottes et les pommes de terre. Mélangez avec la cuillère de bois et laissez cuire encore pendant trois quarts d'heure jusqu'à ce que les pommes de terre soient amollies, puis servez.

Choux verts dits " Kumpisch "

Choux	Fr. 0.25
1[2 livre de lard....................	0.45
Pommes de terre....................	0.15
	Fr. 0.85

Mettez les choux à la marmite avec 3 litres d'eau chaude laissez-les cuire pendant un quart d'heure, sortez-les de la marmite et mettez-les dans une terrine d'eau froide. Versez un litre d'eau dans la marmite et mettez-y bouillir le lard pendant une demi-heure, retirez-le et mettez les choux dans ce bouillon, ajoutez un peu de sel, si cela était nécessaire, laissez cuire pendant deux heures. Ajoutez le lard, laissez cuire encore pendant une demi-heure, Si ce légume devait être trop sec selon votre goût, il faudrait y ajouter encore un peu d'eau pendant la cuisson.

Nouilles aux pommes de terre

Pommes de terre, une livre...........	Fr. 0.05
Farine, une livre..................	0.30
3 œufs	0.30
	Fr. 0.65

Faites cuire les pommes de terre en robe de chambre, laissez-les refroidir, pelez-les, râpez-les. Mettez autant de pommes de terre que de farine, faites la pâte comme pour les nouilles ordinaires et terminez de même.

Pommes de terre et Carottes au maigre

Farine, une cuillerée................	Fr. 0.01
Pommes de terre, 3 livres...........	0.15
Carottes........................	0.15
Beurre fondu	0.20
Un oignon et persil................	0.03
	Fr. 0.54

Coupez les carottes en rouelles, après les avoir raclées;

mettez-les à la marmite avec deux litres d'eau et du sel, laissez cuire pendant une heure et demie. Pelez les pommes de terre, coupez-les en petits morceaux, ajoutez-les aux carottes et laissez cuire encore pendant trois quarts d'heure.

Réservez un peu de beurre fondu et mettez le reste dans le légume; couvrez avec le couvercle et laissez cuire pendant une demi-heure, en remuant de temps à autre avec la cuillère de bois, et en surveillant le légume, comme cela doit se faire toujours pour éviter qu'il brûle. Hachez l'oignon, mettez-le jaunir sur le feu avec le beurre que vous aurez réservé, la farine et le persil haché. Prenez de l'eau dans laquelle cuisent les légumes, mouillez-en l'oignon et la farine en remuant vivement; ajoutez petit à petit encore de cette eau, jusqu'à ce que la sauce que vous délayez ait l'épaisseur que vous désirez lui donner. Retirez les carottes et les pommes de terre de l'eau, égouttez-les à mesure avec l'écumoire, versez-les dans la sauce, laissez cuire pendant 20 minutes et servez.

Pommes de terre retirées

6 livres pommes de terre.............	Fr. 0.25
Graisse, 80 grammes.................	0.15
Oignon.............................	0.05
	Fr. 0.45

Pelez les pommes de terre, coupez-les en rouelles, lavez-les à l'eau fraîche, mettez-les cuire à la marmite dans de l'eau avec du sel, pendant une demi-heure à trois quarts d'heure — cela dépend des pommes de terre; fraîches, elles se cuisent plus rapidement que lorsque la saison tire à sa fin, — retirez-les de l'eau avec l'écumoire, mettez-les sur un plat. Hachez l'oignon à l'avance, faites-le roussir dans la graisse et versez ce mélange brûlant sur les pommes de terre. Servez vite pour qu'elles arrivent très chaudes sur la table.

Nota. — On peut mettre griller un peu de mie de pain dans la graisse, au lieu des oignons, si l'on préfère.

Purée de pommes de terre

Pommes de terre, 3 livres	Fr.	0.15
Lait..........................		0.10
Beurre, 60 grammes................		0.10
	Fr.	0.35

Mettez les pommes de terre pelées, coupées en morceaux et bien lavées, dans la marmite avec deux litres d'eau de sel. Laissez cuire pendant une demi-heure. Enlevez l'eau de la cuisson pour que la purée ne devienne pas liquide. Écrasez les pommes de terre pour en faire une pâte épaisse et bien lisse, ajoutez-y le lait, puis remuez vivement pendant un moment ; ajoutez le beurre, remuez encore pendant un instant et servez. On peut faire cette purée sans beurre.

Haricots verts d'été garnis de saucisses grillées

Haricots verts d'été................	Fr.	0.40
Oignons et persil.................		0.05
Graisse, 160 grammes..............		0.25
Saucisses à griller................		0.30
	Fr.	1.00

Enlevez les fils des haricots, coupez-en les deux bouts. Mettez-les un instant à l'eau fraîche pour les laver, puis mettez-les à la marmite dans de l'eau tiède salée, que vous faites bouillir avec les haricots. Laissez s'amollir les haricots de façon à ce qu'ils s'écrasent sous les doigts. Mettez-les sur le plat. Réservez gros comme une noix de graisse et mettez le reste à la casserole avec l'oignon haché fin que vous ferez jaunir, ajoutez le persil haché fin, laissez l'y revenir pendant un instant seulement et versez ce mélange très chaud sur les haricots.

Mettez à la casserole le petit morceau de graisse que vous avez réservé, déposez-y la saucisse, laissez prendre couleur, rangez-la sur les haricots, versez la graisse chaude qui reste dans la poële par-dessus et servez.

Pois mange-tout

Pois mange-tout....................	Fr. 0.40
Oignons...........................	0.02
Graisse 125 grammes	0.20
	Fr. 0.62

Ces pois se préparent comme les haricots vert d'été.

Choux au maigre mélangés de pommes de terre

Choux.............................	Fr. 0.20
Pommes de terre 3 litres	0.15
Beurre fondu 100 grammes..........	0.20
Oignons...........................	0.02
Sel, poivre, vinaigre.............	0.03
	Fr. 0.60

7

Coupez les choux en petits morceaux, lavez-les à l'eau fraîche, mettez-les à la marmite avec de l'eau salée, de façon à ce que cette eau dépasse les choux de deux doigts, et laissez-les cuire pendant deux heures. Pelez les pommes de terre, coupez-les en rondelles, mettez-les cuire pendant une bonne demi-heure à l'eau de sel, jusqu'à ce qu'elles soient bien cuites, prenez une portion de ces pommes de terre avec l'écumoire, égouttez-les, déposez-les sur un plat, prenez de même une portion de choux, égouttez-les, posez-les sur les pommes de terre, continuez ainsi jusqu'à ce que vos légumes soient épuisés. Mettez l'oignon haché dans la poêle avec le beurre, et laissez-le jaunir, puis versez le tout sur le légume.

Quelques personnes aiment ajouter un peu de vinaigre à ces choux, mettez dans ce cas, une cuillerée de vinaigre dans la poêle chaude où vous venez de faire roussir les oignons, et mettez chauffer un instant, versez le vinaigre bouillant sur les choux et saupoudrez d'une très petite prise de poivre.

Choux au lard

Choux choisis......................	Fr. 0.40
3[4 livre de lard.................	0.70
	Fr. 1.10

Hachez les choux fins, après avoir lavé les feuilles à l'eau fraîche. Mettez le lard à la marmite, laissez le prendre couleur de tous côtés, puis lorsqu'il sentira bon, versez par dessus un demi-litre d'eau chaude et laissez cuire doucement comme un bouillon pendant 20 minutes. Mettez les choux hachés dans ce bouillon, remuez bien pendant un moment et laissez cuire pendant 3/4 d'heure ; retirez le lard pour qu'il ne se ramollisse pas en cuisant trop longtemps. Laissez les choux cuire encore pendant une heure et quart — remettez le lard dans les choux pour le réchauffer à fond. Pendant la cuisson de ces choux, remuez-les de temps à autre avec la cuillère de bois, et rajoutez si cela était nécessaire, un peu d'eau pour qu'ils ne restent pas trop secs. Servez avec des pommes de terre en robe de chambre.

Warserstrirolé

Une livre de farine...................	Fr. 0.30
3 œufs	0.30
Un demi-litre de lait	0.10
Graisse 80 grammes.................	0.15
	Fr. 0.85

Mettez la farine dans une terrine, délayez-la peu à peu avec le lait en tournant vivement ; ajoutez un œuf, tournez encore jusqu'à ce qu'il ait disparu, ajoutez le deuxième œuf, tournez de même, ajoutez le troisième œuf, un peu de sel et remuez encore, car plus cette pâte est remuée — et plus vous mélangez vivement, plus elle s'allège et s'améliore. Mettez 4 litres d'eau salée à la marmite, faites-la bouillir au perlé seulement sans laisser bouillonner à gros bouillon ; laissez-y tomber la pâte à travers un entonnoir, par petites portions, retirez avec l'écumoire les rubans qui se forment à mesure qu'ils montent à la surface. Assurez-vous de la cuisson des warserstrirolés qui ne doivent pas garder le goût de farine crue, et qui doivent-être bien cuits jusqu'au centre. Déposez-les sur un plat chauffé, faites chauffer la graisse, mettez-y roussir quelque peu de mie de pain réduite en miettes, et versez le tout sur les warserstrirolés.

Choux Vosgiens

Choux	Fr. 0.25
Graisse 60 grammes.................	0.10
Pommes de terre, 2 livres............	0.10
1|2 de lard......................	0.45
	Fr. 0.90

Mettez le lard et les choux coupés en petits morceaux dans deux litres d'eau avec le sel nécessaire, et si vous en avez, quelques légumes de votre jardin, qui, pris seuls ne suffiraient pas, soit des carottes, quelques fèves, une poignée de haricots verts, une poignée ou deux de petits pois, et laissez cuire comme un pot au feu pendant 2 heures. Lavez les pommes de terre, coupez-les en rouelles, faites-les étouffer dans la graisse en ajoutant quelques cuillerées d'eau ; couvrez, faites cuire pendant une bonne demi-heure en laissant jaunir le fond. Mettez la marmite hors du feu et laissez refroidir pendant un moment pour que les pommes de terre se détachent de la marmite en un beau gâteau. Mettez ce gâteau de pommes de terre au fond d'un plat creux, la partie jaune en desssus, sortez les choux de leur cuisson avec l'écumoire, laissez égoutter un moment, posez-les sur les pommes de terre, mettez le lard au dessus et servez bien chaud.

Nota. — Gardez le bouillon de ces choux pour en faire une soupe.

Légumes de raves fraîches

Raves fraîches.....................	Fr. 0.25
Lard, 165 grammes	0.25
Pommes de terre, 4 livres...........	0.20
	Fr. 0.70

Mettez les raves pelées et coupées en petits morceaux à la marmite avec trois litres d'eau et le sel nécessaire. Laissez-les s'amollir sur un feu vif. Coupez le lard en carrelets, mettez-le jaunir dans la marmite, puis ajoutez-y les raves que vous aurez égouttées à l'avance. Remuez vivement pour bien mélanger le légume à la graisse chaude découlée du lard, ajoutez un verre d'eau et laissez cuire pendant une demie-heure en ayant soin de ne pas laisser les raves s'attacher à la marmite. Vérifiez de temps à autre le légume pendant la cuisson, s'il était trop sec, il faudrait y ajouter un peu d'eau.

Préparez les pommes de terre en robe de chambre comme il est dit à la page 105.

Boulettes de pommes de terre

Graisse, 60 grammes................	Fr. 0.10
Pommes de terre, 2 livres...........	0.10
160 grammes de pain	0.08
1/2 litre de lait	0.05
4 œufs	0.40
Une cuillerée de farine.............	0.01
Ciboule	0.02
	Fr. 0.76

Faites cuire les pommes de terre en robe de chambre, et laissez-les refroidir, puis râpez-les. Mettez le pain tremper dans le lait, coupez la ciboule en très petits morceaux. Mettez les pommes de terre râpées dans une terrine, avec le pain trempé de lait que vous passez entre vos doigts pour le bien écraser et le mettre en toutes petites parcelles, puis la cuillerée de farine, la ciboule et une pincée de sel, fort peu de sel puisque ces boulettes seront cuites à l'eau de sel. Remuez bien pour en faire une pâte lisse. Cassez un œuf dans cette pâte, et remuez bien jusqu'à ce qu'il ait disparu, cassez-y un second œuf, et remuez encore, jusqu'à disparition et ainsi des deux autres œufs. Mettez à la marmite 3 litres 1|2 d'eau, le sel nécessaire, faites bouillir cette eau de façon à ce qu'elle fasse de tout petits bouillons, comme pour une soupe grasse. Prenez de votre pâte au bout d'une cuillère, gros comme une noix, mettez-là dans cette eau bouillant à peine, puis mettez-y une seconde boulette, et une troisième et ainsi de suite, Jusqu'à ce que vous y ayiez introduit la moitié de votre pâte. Laissez cuire pendant dix minutes en surveillant la cuisson pour que l'eau ne se mette pas à bouillir fortement. Sortez les boulettes de l'eau, mettez-les sur un plat au chaud, et faites pocher de même la seconde moitié de votre pâte. Mettez quelques miettes de pain jaunir dans la graisse chaude par-dessus les boulettes que vous aurez rangées en pyramide sur le plat — puis servez. Si les boulettes devenaient cassantes il faudrait ajouter encore un peu de farine.

———————

Légumes pour les temps difficiles

Pommes de terre vinaigrette

Pommes de terre, 5 livres............	Fr.	0.25
6 cuillerées d'huile de colza..........		0.06
6 cuillerées d'eau....................	»	»
2 cuillerées de vinaigre.............		0.02
Sel et poivre.......................		0.01
	Fr.	0.34

Préparez les pommes de terre en robe de chambre et servez-les avec une vinaigrette.

Sauce vinaigrette

Mélangez dans une tasse, l'huile, le vinaigre, l'eau, le sel, le poivre, et si cela vous est agréable un peu de ciboule coupée très fin. Battez bien le tout avec une fourchette et servez cette sauce en même temps que les pommes de terre.

Carottes mélangées de pommes de terre

4 livres de pommes de terre..........	Fr.	0.20
Carottes...........................		0.10
Lard, 1/4..........................		0.22
	Fr.	0.52

Coupez les carottes raclées en tranches minces, lavez-les à l'eau fraîche, mettez-les cuire à l'eau de sel pendant une heure 1/4. Coupez les pommes de terres pelées et lavées en petits dés et mettez-les dans les carottes, coupez le lard également en petits dés, ajoutez-le au légume, remuez bien pour mélanger et laissez cuire encore pendant 3/4 d'heure, puis servez.

Choux mélangés de pommes de terre au gras

Choux	Fr. 0.10
3 livres de pommes de terre	0.15
Lard, 1/4..........................	0.22
	Fr. 0.47

Mettez les choux coupés en morceaux à l'eau fraiche. Faites bouillir le lard pendant un 1/4 d'heure dans un litre d'eau, retirez le lard, ajoutez un peu de sel et mettez dans ce bouillon les choux retirés de l'eau froide ; laissez cuire pendant une heure et demie, ajoutez ensuite les pommes de terre coupées en rouelles, et le lard coupé en petits morceaux, remuez bien avec la cuillère de bois pour opérer le mélange, et laissez cuire encore pendant une demi-heure, en ayant soin pendant tout le temps de la cuisson de remuer de temps à autre, pour que ce légume ne s'attache pas.

Riz en légume

1 livre de riz......................	Fr. 0.25
Graisse, 80 grammes	0.15
1 Oignon	0.02
	Fr. 0.42

Mettez sur le feu dans la marmite 3 litres d'eau avec le sel nécessaire. Faites-là bouillir. Jetez-y le riz et laissez bouillir jusqu'à ce que les grains soient mous, mais sans les laisser se réduire en bouillie. Égouttez votre riz. Mettez jaunir l'oignon coupé fin dans la graisse, versez le riz dans ce mélange bien chaud d'oignon et de graisse, remuez bien pendant un moment, mettez le riz sur un plat et servez-le chaud.

Nota. — Vous pouvez toujours, si vous n'aimez pas le goût de l'oignon, le remplacer par de la mie de pain émiettée, que vous faites roussir dans la graisse, comme vous le feriez avec l'oignon.

Pommes de terre en robe de chambre

Mettez les pommes de terre bien lavées mais non pelées dans une marmite dont vous aurez garni le fond de petits bois posés en travers de façon à ce que les pommes de terre ne touchent pas l'eau que vous allez mettre à la marmite pour les faire cuire; elles ne sont bonnes que cuites à la vapeur, qui les rend farineuses, tandis que l'eau les durcit. Mettez un litre d'eau dans le fond de la marmite, et faites-là bouillir, puis posez les pommes de terre sur vos petits bois, mettez le couvercle par-dessus, et laisser-les cuire ainsi jusqu'à ce qu'elles soient molles, ce que vous constatez en en prenant une avec un linge et en la tâtant avec la paume de la main.

Pommes de terre à la française

3 livres de pommes de terre............ Fr. 0.15
80 grammes de graisse............... 0.15
                                    ─────────
                                    Fr. 0.30

Pelez les pommes de terre, coupez-les en petits morceaux étroits et longs, lavez-les à l'eau fraiche, mettez-les à la marmite avec 3 litres 1[2 d'eau. Faites bouillir pendant un quart d'heure, il ne faut pas que ces pommes de terre se cassent, mais restent entières. Mettez-les à la poële avec la graisse, saupoudrez d'un peu de sel, faites sauter comme une omelette en agitant la poële, laissez dorer et servez.

Pommes de terre étouffées

3 livres de pommes de terre	Fr.	0.15
Beurre fondu, 80 grammes..........		0.15
	Fr.	0.30

Pelez les pommes de terre, lavez-les après les avoir coupées en morceaux. Mettez-les dans la poële avec un litre d'eau. Laissez bouillir pendant dix minutes. Versez l'eau qui serait de trop. Mêlez la graisse aux pommes de terre; laissez cuire encore pendant un quart d'heure sans les remuer, mais en surveillant la cuisson pour qu'elles ne brûlent pas, il faut parfois ajouter deux ou trois cuillerées d'eau, pas trop cependant.

Otez la marmite du feu, posez-la soit sur l'évier, ou sur une planchette par terre. Attendez 3 ou 4 minutes, puis renversez le gâteau qui sera d'un jaune doré sur le plat. La croûte dorée ne reste entière que si on éloigne la marmite du feu un moment avant d'en sortir les pommes de terre.

CHAPITRE III

Soupers

CHAPITRE III

Soupers

Recettes mesurées pour 2 grandes personnes et 4 enfants

Café au lait

Café, 60 grammes (un demi-quart)	Fr. 0.15
1 litre 1|2 de lait	0.30
	Fr. 0.45

Prenez pour faire le café de l'eau dans laquelle vous aurez fait bouillir le marc de la veille, que vous aurez réservé dans un petit pot spécial, très proprement tenu, recouvert d'un couvercle.

Le café au lait est tout à fait recommandé pour le repas du soir, il constitue un souper léger et nourrissant, grâce au lait qui l'accompagne.

Pommes de terre en robe de chambre et lait

Pommes de terre, 4 livres	0.20
1 litre 1/2 de lait.................	0.30
	Fr. 0.50

On prépare les pommes de terre comme il est dit à la page 105 ; et on les sert avec du lait froid ou chaud, selon le goût ou la saison.

Soupe au lait

1 litre de lait......................	0.20
Pain	0.15
	Fr. 0.35

Mettez le lait à la casserole avec un litre d'eau, ajoutez selon votre goût un peu de sel ou de sucre, et faites bouillir ce mélange. Coupez le pain en petites tranches minces, et faites les jaunir sur le fourneau. Déposez-les au fond de la soupière, versez le lait bouillant par-dessus et couvrez un moment avant de servir.

Panade

Voyez pour la recette au chapitre des soupes, page 76

Bouillie à la farine de maïs

Un demi-litre d'eau	Fr. » »
Farine de maïs	0.20
1 litre de lait	0.20
	Fr. 0.40

Délayez la farine de maïs dans un 1/4 de litre d'eau froide, mettez sur le feu après avoir ajouté le sel nécessaire, et remuez bien pendant un moment. Ajoutez 3/4 de litre d'eau et remuez jusqu'à ébullition, puis laissez épaissir en cuisant très doucement sur un feu lent, cela doit durer une

bonne heure environ, jusqu'à ce qu'il se forme une bouillie
très épaisse. Servez cette bouillie avec du lait chaud ou
froid selon votre goût. On verse 3 ou 4 cuillerées de lait sur
chaque portion de bouillie et le mélange en est bon. Le lait
froid non cuit est ce qu'il y a de meilleur pour cette préparation.

On peut aussi préparer la farine de maïs en bouillie au
lait, comme on le fait avec la farine ordinaire.

Bouillie à la farine

Farine, 1/2 livre	Fr. 0.15
Lait, 2 litres........................	0.40
Sucre.............................	0.05
Un 1/2 litre d'eau.................	» »
	Fr. 0.60

Délayez la farine dans le lait froid, remuez bien pour
détruire les grumeaux qui pourraient y rester. Mettez ce
mélange sur le feu avec le sucre, 1/2 litre d'eau. Remuez
jusqu'à ce que la bouillie jette un premier bouillon, et
laissez cuire doucement pendant une heure.

Bouillie à la semoule

Semoule, 1/2 livre.................	Fr. 0.15
Un 1/2 litre d'eau.................	» »
Lait, 2 litres......................	0.40
Sucre ou sel	0.05
	Fr. 0.60

Mettez le lait à la marmite avec 1/2 litre d'eau, quand ce mélange commence à bouillir, vous y laissez tomber la semoule de haut en la tenant dans un cornet ou dans un verre, remuez en même temps vivement avec la cuillère de bois; ajoutez un peu de sel, remuez un moment et laissez cuire pendant une heure sur un feu doux.

Orge villageoise

Farine, 1/2 livre....................	Fr. 0.15
Lait, 1 litre.......................	0.20
1 œuf............................	0.10
	Fr. 0.45

Cassez l'œuf dans la farine et passez ce mélange entre vos doigts jusqu'à ce que vous l'ayiez réduit en grumeaux de la grosseur d'un grain d'orge. Mettez le lait dans la marmite avec deux litres d'eau et le sel nécessaire, faites bouillir' sur un feu peu violent. Laissez-y tomber petit à petit l'orge villageoise que vous avez préparée, et laissez cuire pendant 3/4 d'heure.

Salade de lentilles

Une livre et demi de lentilles........	Fr. 0.37
Betteraves rouges au vinaigre.........	0.05
Huile et vinaigre, sel, poivre	0.10
	Fr. 0.52

Mettez les lentilles à la marmite avec 2 litres 1|2 d'eau froide, le sel nécessaire, et faites bouillir jusqu'à ce qu'elles soient molles, à peu près 2 heures 1|2. Evitez cependant de les laisser se réduire en bouillie, car pour la salade les lentilles doivent rester entières. Sortez-les de la cuisson, que vous mettrez de côté pour en faire la base d'une soupe. Egouttez les lentilles. Mettez-les dans un saladier avec des betteraves rouges hachées (voir betteraves, chapitre X). Assaisonnez avec l'huile et le vinaigre, le sel, le poivre, comme tout autre salade et servez un peu tiède. On peut manger avec cette salade des pommes de terre en robe de chambre.

Pommes de terre à la vinaigrette

Pommes de terre, 4 livres	Fr. 0.20
6 cuillerées d'huile	0.06
6 cuillerees d'eau...................	» »
2 cuillerées de vinaigre............	0.02
Sel et poivre........................	0.01
	Fr. 0.29

Faites cuire vos pommes de terre en robe de chambre comme il est dit page 105. Mélanger l'huile, le vinaigre, le sel, le poivre, avec l'eau indiquée en les battant avec une fourchette, et servez cette vinaigrette en même temps que les pommes de terre bien chaudes.

Vinaigrette plus chère

Mélangez 6 cuillerées d'huile, 6 cuillerées d'eau, 2 cuillerées de vinaigre, sel, poivre, fines herbes hachées, betteraves rouges hachées fin et battez le tout avec une fourchette, pendant un petit moment.

8

Salade de mufle de bœuf

1 livre 1|2 de mufle de bœuf	0.45
Oignon et sel	0.02
2 cuillerées de vinaigre	0.02
5 cuillerées d'huile	0.05
	Fr. 0.54

Le mufle s'achète déjà bouilli chez les bouchers, coupez-le en petites tranches très minces; assaisonnez comme une salade, plusieurs heures avant de le servir, l'oignon s'y joint haché très fin et cru. On peut compléter l'assaisonnement avec une cuillerée de ciboule coupée très fin, servez avec des pommes de terre en robe de chambre.

Salade de gras-double

1|2 livre de gras-double..............	Fr. 0.45
Oignons et sel.....................	0.02
2 cuillerées de vinaigre	0.02
4 cuillerées d'huile	0.04
	Fr. 0.53

Le gras-double s'achète bouilli déjà chez les bouchers. Il est nécessaire cependant de le faire bouillir encore pendant une heure dans trois litres d'eau salée. Préparez-le ensuite, comme il est dit sur la même page pour le muffle de bœuf et servez le gras-double, comme le mufle de bœuf, avec des pommes de terre en robe de chambre très chaudes.

Mendiant

1 litre de lait	Fr. 0.20
Pain, 1 livre.....................	0.15
3 œufs	0.30
Sucre............................	0.10
	Fr. 0.75

Mettez bouillir le lait, ajoutez-y le pain coupé en petites tranches minces, remuez bien pour faire une bouillie épaisse. Otez la casserole du feu et laisser refroidir pendant un moment. Ajoutez l'un après l'autre les jaunes d'œufs en remuant vivement; ajoutez le sucre, ou si vous préférez du sel. Battez le blanc des œufs en neige, ajoutez-le à la bouillie et faites le mélange aussi rapidement que possible pour ne pas détruire la neige. Versez le tout dans un plat en terre allant au feu, couvrez avec un couvercle en terre bien chauffé à l'avance et laissez prendre pendant une demie-heure sur le fourneau, mais non sur la flamme.

Mendiant moins cher

Pain, 1 livre.....................	0.15
1/2 litre de lait..................	0.10
2 œufs	0.20
	Fr. 0.45

Mettez sur le feu autant d'eau que de lait, ajoutez-y le pain coupé en tranches petites et fines, et un peu de sel si l'on veut. Remuez bien pour réduire le pain en bouillie. Otez du feu et laissez refroidir pendant un moment, puis continuez la cuisson comme il est dit à la recette précédente.

Nota. — Pour la recette des soupes, voyez au chapitre des « soupes, servant de repas complet ».

Vous trouverez au chapitre X, la recette des compotes à servir avec les pommes de terre à l'eau de sel ou en robe de chambre.

CHAPITRE IV

Viandes, Poissons, Grenouilles

CHAPITRE IV

Viandes et Poissons

Ragoût de foie, poumon et cœur

1 livre 1|2 de foie, poumon et cœur....	Fr. 0.75
Graisse, 125 grammes................	0.20
Farine, 35 grammes	0.02
Oignon...	0.05
	Fr. 1.02

Coupez le foie, le poumon et le cœur, en petites tranches minces de la grandeur et de l'épaisseur d'une pièce de 10 centimes. Mettez la graisse dans la poële à frire avec la farine, en remuant vivement avec la cuillère de bois, ce mélange cependant doit rester jaune clair, et non brun foncé comme pour la soupe à la farine. Ajoutez-y un demi-litre d'eau et un filet de vinaigre et l'oignon haché fin, faites cuire pendant un quart d'heure en remuant de temps à autre. Ajoutez-y les morceaux de viandes préparées, remuez bien pendant un moment, et laissez cuire encore pendant 10 minutes, cuites plus longuement elles durciraient au lieu de rester tendres et molles.

Nota. — On peut pour ce ragoût, comme pour les rôtis de veau, foie de veau, porc, bœuf, ne prendre qu'une livre de ces viandes.

Veau rôti

1 livre 1/2 de veau..................	Fr. 1.25
Saindoux ou graisse, 80 grammes.....	0.15
Farine, 1 cuillerée..................	0.01
Carottes, oignons...................	0.10
	Fr. 1.51

Mettez le veau à la casserole avec le saindoux; faites-le jaunir des deux côtés dans cette graisse bouillante, jusqu'à ce qu'il s'en dégage une odeur agréable. Saupoudrez la partie de dessus, avec la moitié de votre cuillerée de farine, retournez le morceau de veau, piquez-le au bout de la fourchette à deux dents, et remuez-le vivement au fond de la casserole. Puis retournez-le, saupoudrez le deuxième côté de la viande avec le reste de farine, et retournez encore avec la fourchette pour faire la même opération en remuant vivement sur le fond de la casserole. Ajoutez l'oignon, les carottes, un bon verre d'eau, sel, poivre, remuez avec la cuillère de bois, et laissez cuire doucement sur le bord du fourneau, avec le couvercle posé sur la casserole pendant 1 heure 3/4. Surveillez la cuisson, et voyez s'il ne faudrait pas ajouter un peu d'eau pour obtenir un jus moins épais, cela dépend du goût des personnes à qui on désire servir ce rôti.

Nota. — Il faut avoir soin de battre le veau, comme tout autre pièce de viande avant de le mettre à la casserole.

Une viande bien battue devient toujours plus fondante et donne plus de jus, que mise à la casserole sans cette opération.

Foie de veau

1 livre 1|2 de foie de veau	Fr. 1.20
2 cuillerés de farine	0.02
125 grammes de graisse.............	0.20
Oignons, persil ....,	0.05
	Fr. 1.47

Se prépare comme le veau rôti.

Rôti de porc

1 livre 1/2 de porc frais.............	Fr. 1.20
Farine, 2 cuillerées................	0.02
Oignon, carottes, persil	0.15
	Fr. 1.37

Battez fortement le morceau dé porc :: tous côtés, mettez-le à la marmite avec un verre d'eau, deux ou trois carottes, un poireau coupé en morceaux. Couvrez la casserole et laissez bouillir pendant 10 minutes, en retournant le rôti de temps à autre. Saupoudrez d'un peu de farine, retournez le morceau, saupoudrez-le encore, et retournez-le, puis remuez vivement pendant un instant le rôti, en le tenant avec la fourchette à deux dents, ajoutez le poivre et le sel nécessaire, un second verre d'eau et laissez cuire sous couvercle pendant une heure en vérifiant de temps en temps la cuisson, et en retournant le morceau de viande de temps à autre. On peut ajouter à cette cuisson une livre de pommes de terre coupées en morceaux, qu'on place dans la marmite autour du rôti, après les premières 10 minutes de cuisson, ajoutez un peu plus d'eau et laissez cuire sous couvercle pendant une heure, comme il est dit plus haut.

Bœuf rôti

1 livre 1/2 de bœuf	Fr. 1.05
125 grammes de graisse	0.20
Farine une cuillerée	0.01
Oignons, fines herbes	0.05
	Fr. 1.31

Ayez soin de choisir un morceau de bœuf d'un rose clair à graisse blanche; gardez-le si cela vous est possible pendant deux jours dans un endroit frais et bien aéré.

Battez fortement le morceau de bœuf, hachez fin l'oignon et les fines herbes, mêlez-les à la graisse et enduisez le quartier de bœuf de cette préparation. Mettez le bœuf ainsi bien frotté de graisse dans la casserole sur un feu vif, en le retournant en tous sens pendant quelques minutes. Saupoudrez légèrement de farine, ajoutez un verre d'eau, du sel et un peu de poivre, couvrez et laissez cuire pendant une demi-heure, en retournant le morceau de temps en temps. J'ajouterai que le bœuf servi rose est très fortifiant pour les personnes malades ou faibles de ssnté.

Bœuf farci à l'Asacienne

1 livre de bœuf	0.70
Graisse, 125 grammes	0.20
Carottes, poireaux pour la soupe	0.05
Oignon, persil	0.10
Pain	0.05
1/4 litre de lait	0.05
	Fr. 1.15

Choisissez une livre de bœuf coupé sur le cou. Dites au boucher de le fendre dans l'épaisseur, de façon à en faire un sac que vous allez farcir. Hachez les oignons avec le persil, trempez le pain dans le lait, laissez-le s'imbiber à fond, puis ajoutez-le à l'oignon et au persil haché. Remuez bien le tout, pour le réduire en une bouillie épaisse. Remplissez le morceau de bœuf de cette farine. Recousez-le avec une aiguille et un gros fil pour que la farce ne puisse s'en échapper, et déposez-le dans la marmite où vous aurez mis 3 litres d'eau chaude, du sel, les carottes, les poireaux comme cela se fait pour cuire une soupe grasse. Laissez cuire pendant 3 heures très lentement, au bout de ce temps vous obtiendrez un bouillon excellent ; il ne restera plus qu'à le verser dans la soupière où vous aurez posé le pain grillé qui se met toujours dans une soupe grasse. En attendant l'heure du repas, laissez le bouillon mijoter tout doucement dans la marmite. Une heure avant le repas, prenez le morceau de bœuf farci, mettez-le dans la graisse bouillante que vous aurez préparée dans la poële à frire ; faites-le brunir d'un côté, puis de l'autre, saupoudrez d'une cuillerée de farine, tournez avec la cuillère de bois pour faire jaunir la farine, ajoutez une bonne cuillerée d'oignons hachés et dépêchez-vous de les remuer vivement dans la graisse et la farine, en faisant attention de ne pas les laisser brûler, mais seulement s'amollir un peu. Versez sur le tout un verre d'eau chaude, remuez pendant un moment, ajoutez un deuxième verre d'eau chaude. Mettez le couvercle et laissez cuire pendant une heure en remuant de temps en temps la cuisson.

Poitrine de veau en fricassée

1 livre 1/2 de poitrine................	Fr. 1.15
125 grammes de beurre fondu	0.20
Lait, 4 cuillerées....................	0.02
1 œuf...............................	0.10
2 cuillerées de farine	0.01
Persil, oignon.......................	0.02
	Fr. 1.50

Chauffez le beurre fondu, mettez-y le veau coupé en petites tranches, ces morceaux doivent être pris dans la poitrine de veau qui est plus grasse et plus succulente que les autres parties de la bête. Saupoudrez de farine et remuez pendant quelques minutes seulement, car la farine doit rester blanche; ajoutez l'oignon et le persil hachés fin, tournez encore un peu, ajoutez un demi-litre d'eau, le sel nécessaire; et laissez mijoter doucement pendant une heure en ayant soin de retourner les morceaux de temps à autre, pour les faire cuire d'une façon égale. Retirez la casserole du feu, laissez reposer pendant trois minutes. Battez l'œuf avec le lait dans une tasse pour bien les mélanger, versez cette liaison dans la fricassée en tournant vivement pendant un instant, et servez très chaud.

Saucisses grillées

Saucisses à griller..................	Fr. 0.50
Graisse. 60 grammes	0.10
	Fr. 0.60

Mettez la graisse à la poêle, faites-la chauffer, déposez-y les saucisses à griller et laissez-les cuire dans cette graisse chaude jusqu'à ce qu'elles soient légèrement croquantes à la surface.

Gras-double à l'étouffée

1 livre 1/2 de gras-double............	Fr.	0.45
80 grammes de beurre fondu.........		0.15
Farine, 2 cuillerées.................		0.01
Persil, oignons		0.03
Vinaigre à volonté..................		0.01
	Fr.	0.65

Achetez le gras-double nettoyé et bouilli. Mettez-le bouillir encore pennant 3/4 d'heure dans 3 litres d'eau salée légèrement, car les bouchers font en général ce nettoyage trop rapidement et insuffisamment. Coupez-le en tranches de la longueur et de la largeur du petit doigt. Faites chauffer le beurre fondu, mettez-y le gras-double, remuez pendant un moment pour le griller légèrement sans le laisser durcir ou brunir, ajoutez l'oignon et le persil hachés fin, un quart de litre d'eau, remuez encore, ajoutez le sel, saupoudrez de farine, remuez vivement pendant une minute ou deux, couvrez avec un couvercle et laissez cuire pendant 3/4 d'heure en ayant soin de remuer de temps à autre pour éviter que le gras-double brûle, ajoutez encore un peu d'eau pendant la cuisson si vous le trouvez nécessaire, si vous aimez la sauce un peu relevée, ajoutez le vinaigre ou un peu du cumin.

Biftecks

Préparation recommandée aux malades ou aux personnes qui ont besoin de se fortifier.

Prenez un morceau de culotte de bœuf, grand comme l'intérieur de la main et épais de deux doigts, ou plus petit si vous le désirez, mais en lui conservant l'épaisseur indiquée. Si possible, pendez cette tranche à l'air pendant un jour en été, deux ou trois jours en hiver, elle en sera plus tendre. Battez le bifteck des deux côtés, ramenez-le sur lui-même pour qu'il prenne son épaisseur primitive. Mettez gros comme une petite noix de graisse dans la poêle, laissez-la se chauffer, déposez-y le bifteck saupoudré d'un peu de sel, et laissez cuire pendant 3 ou 4 minutes sur la flamme vive, retournez-le, faites cuire de même l'autre côté, puis servez-le très chaud.

Il faut que le bifteck reste d'un rose foncé à l'intérieur.

Côtelette de veau pour les malades

Mettez chauffer à la poêle un morceau de beurre fondu de la grosseur d'une noix, posez-y la côtelette de veau, bien battue des deux côtés et saupoudrée du sel nécessaire, faites griller pendant 2 ou 3 minutes un des côtés, puis l'autre en ayant soin de ne pas laisser la côtelette s'attacher au fond de la poêle, ajoutez 4 ou 5 cuillerées d'eau et laissez cuire sur un feu très doux avec le couvercle dessus pendant une demi-heure, en retournant la côtelette de temps à autre. Une chose importante, est de battre fortement la côtelette avant de la mettre à la poêle, pour la rendre fondante.

Fraise de veau

Fraise de veau	Fr. 0.30
80 grammes de graisse	0.15
Farine, une cuillerée	0.01
Oignon	0.02
	Fr. 0.48

Lavez soigneusement la fraise de veau à l'eau froide, laissez-la reposer dans une nouvelle eau pendant 1/4 d'heure, puis mettez la bouillir dans 3 litres 1/2 d'eau avec le sel nécessaire. Conservez cette eau pour en faire la base d'une soupe. Pelez l'oignon, hâchez-le, faites le roussir dans la graisse avec la farine, remuez vivement ce mélange, et ne le laissez pas brunir. Ajoutez-y une tasse de l'eau dans laquelle vous avez fait bouillir la fraise et qui est devenu un bon bouillon. Laissez épaissir un moment sur le feu en remuant vivement, laissez cuire pendant 10 minutes. Ajoutez à cette sauce la fraise coupée en très petits morceaux, laissez cuire pendant une demi-heure et servez.

Poissons

Stockfisch aux pommes de terre

Stockfisch, un morceau de 40 centimes	Fr. 0.40
125 grammes de graisse	0.20
1|2 litre de lait	0.05
3 livres de pommes de terre	0.15
1 ou 2 oignons	0.02
	Fr. 0.82

Achetez le stockfisch non dessalé, vous en aurez plus de profit. Battez-le très fortement et longuement de tous côtés, plus vous le batterez et plus votre préparation sera bonne. Laissez-le à l'eau fraîche pendant 4 jours, en changeant l'eau matin et soir, après l'avoir bien frotté pour en détacher le sel qui peu à peu se ramollit à l'eau, mais reste attaché à la surface du morceau. Il faut, pour bien opérer le dessalage, une assez grande quantité d'eau, il est donc nécessaire de se servir d'un baquet ou d'une grande terrine.

Mettez le stockfisch à la marmite avec 3 litres 1/2 ou 4 litres d'eau froide, puis laissez-le sur un feu vif jusqu'à ce que l'eau commence à perler. Mettez alors la marmite sur un point du fourneau où l'eau continue à perler légèrement, mais sans faire de bouillon, ce qui le ferait durcir. Laissez bouillir ainsi légèrement pendant une heure. Préparez pendant ce temps les pommes de terre en les pelant, en les coupant en rondelles et en les lavant à l'eau fraîche; mettez-les cuire à l'eau de sel pendant une demi-heure. Egouttez-en une portion en les prenant sur l'écumoire. Posez-les dans un plat creux que vous aurez chauffé. Posez par-dessus une couche de stockfisch débarrassé des arêtes qui auraient pu y rester et dont vous aurez enlevé la peau; remettez une couche de pommes de terre bien égouttées, puis encore du poisson et ainsi de suite jusqu'au bout. Ayez le lait bouillant à côté de vous sur le fourneau, versez-le par-dessus pommes de terre et stockfisch, que vous secouez légèrement avec la fourchette pour faire pénétrer le lait à fond. Laissez jaunir l'oignon haché dans la graisse chaude, en ayant soin de ne pas le laisser se brûler et versez le tout par-dessus le stockfisch. Il faut se dépêcher de faire ces diffé-rentes opérations pour que ce plat arrive chaud sur la table.

Harengs frais en sauce

6 harengs............................	Fr. 0.60
Graisse, 80 grammes	0.15
Farine, 3 cuillerées................	0.02
Oignons, vinaigre..................	0.03
	Fr. 0.80

Mettez la farine et le beurre sur le feu, remuez vivement pour faire roussir ce mélange d'une façon bien égale, d'une teinte brune claire ; ajoutez l'oignon haché fin, un demi-litre d'eau, remuez un instant, mettez le sel nécessaire, une très petite pincée de poivre, un filet de vinaigre, remuez encore un peu et placez dans cette sauce les harengs soigneuse-ment lavés, nettoyés, laissez cuire pendant un quart d'heure.

Poissons frits

Ecaillez le poisson s'il est à écaille, ayez une assiettée de farine et une assiettée de lait à côté de vous. Mettez chauffer la graisse dans la poêle à frire, videz le poisson, lavez-le à l'eau fraîche. Trempez-le dans le lait puis dans la farine, déposez-le dans la graisse chaude, faites de même pour les autres poissons, que vous déposerez dans la poêle à côté les uns des autres, mais sans en mettre deux rangées super-posées. Laissez frire des deux côtés sans laisser brunir, car la friture doit rester d'un jaune clair.

Harengs salés aux pommes

Mettez les harengs dans l'eau pendant deux ou trois jours, dans une petite terrine, changez cette eau deux fois par jour après avoir passé les harengs entre vos doigts pour en dégager le sel qui reste collé sur la surface du poisson. Au

9

moment de vous en servir, lavez-les soigneusement à l'eau tiède, raclez-les, coupez-les en petits dés.

Pelez une ou deux pommes, coupez-les de même, assaisonnez le tout comme une salade, avec de l'huile, du vinaigre, sel et poivre, et servez seul ou avec des pommes de terre.

Grenouilles

Les grenouilles sont trop chères pour qu'une femme de ménage économe se permette d'en acheter; mais, comme les jeunes gens se font souvent un plaisir de les pêcher eux-mêmes le soir aux lanternes, et que cette pêche est souvent très productive, j'en donne ici le mode de préparation.

Tuez les grenouilles rapidement à mesure que vous les prenez, pour ne pas les faire souffrir, enlevez-leur la peau, puis coupez-les en deux, au-dessus des cuisses; mettez le haut du corps de côté pour en faire un pot-au-feu, car le bouillon de grenouilles est très fin, on le recommande particulièrement aux malades. Il se prépare comme le bouillon de bœuf. Les cuisses se nouent, en passant les jambes l'une dans l'autre pour faire un nœud simple, puis on les met dégorger à l'eau fraîche. Mettez à la casserole un peu de beurre, selon la quantité de grenouilles que vous aurez à cuire. Faites chauffer ce beurre et placez-y les cuisses des grenouilles, que vous saupoudrez d'un peu de farine. Remuez vivement pendant un instant sans laisser jaunir la farine, ajoutez un peu d'eau, comme pour la fricassée de veau, du sel, des herbes hachées fin, et si vous l'aimez, un peu d'oignon haché très fin. Laissez cuire sur un feu doux pendant 20 minutes, mettez dans une soupière un œuf avec 4 ou 5 cuillerées de lait, battez ce mélange pour en faire une liaison complète. Retirez les grenouilles du feu, laissez refroidir pendant 2 minutes, versez-les dans la soupière où se trouve préparée la liaison, remuez vivement et servez.

CHAPITRE V

Sauces

CHAPITRE V

Sauces

Sauce à l'oignon

Graisse, 80 grammes..................	Fr.	0.15
Farine, une cuillerée à café...........		0.01
Lait, 1/4 de litre		0.05
Oignons		0.05
	Fr.	0.26

Faites jaunir les oignons dans la graisse après les avoir coupés en tranches minces et petites. Ajoutez 1/4 de litre d'eau, le sel nécessaire, couvrez et laissez cuire pendant une demi-heure. Les oignons en sortant de la première opération doivent être d'un jaune pâle et mous, et non pas bruns et secs. Prenez la cuillerée de farine, délayez-la bien soigneusement dans 3 ou 4 cuillerées de lait froid pour en faire une bouillie lisse et fine. Versez ce mélange dans la sauce et tournez vivement pour bien opérer le mélange, puis ajoutez le reste du lait, remuez encore vivement pendant un instant et laissez cuire pendant encore une demi-heure, en remuant de temps à autre.

On peut ajouter un filet de vinaigre à cette sauce, mais il faut bien faire attention de ne pas en mettre trop, quelques gouttes suffisent. La quantité d'oignon peut-être augmentée selon le goût et l'état du budget.

Cette sauce peut en hiver remplacer une salade et se servir avec des pommes de terre en robe de chambre, ou préparées de tout autre façon.

Sauce blanche

Beurre...........................	Fr. 0.15
Lait, 1/4 de litre...................	0.05
Une cuillerée de farine..............	0.05
	Fr. 0.25

Mettez le beurre et la farine dans la marmite, remuez un moment à froid pour faire une sorte de pâte. Mettez la marmite sur le feu et tournez vivement pendant un instant, en ayant soin de ne pas laisser jaunir ce mélange. Ajoutez un peu d'eau chaude, quelques cuillerées à peine, et remuez jusqu'à ce que le mélange redevienne épais. Mettez encore 3 ou 4 cuillerées d'eau bouillante et remuez encore — et ainsi de suite jusqu'à ce que vous ayez mélangé un quart de litre d'eau tout au plus. Ajoutez le lait, très petit à petit également et laissez cuire pendant une demi-heure très doucement.

Quelques personnes aiment à ajouter un peu d'échalotte ou de ciboule hachées très fin à cette sauce.

Sauce brune

Beurre, 60 grammes................. Fr. 0.15
Une cuillerée à café de farine......... 0.01
Oignons........................... 0.05
_____
Fr. 0.21

Mettez la farine et le beurre à la marmite, placez sur feu vif, et remuez vivement pour faire brunir le mélange, en évitant qu'il s'y forme des parcelles noires, ajoutez l'oignon haché fin, remuez pendant une ou deux minutes, versez un demi litre d'eau dans ce mélange, remuez pendant un moment ajoutez le sel nécessaire, un peu — très peu de poivre et laissez cuire pendant 20 minutes en remuant de temps à autre — si la sauce devenait trop épaisse il faudrait ajouter peu d'eau, et laisser cuire encore quelques minutes avant de servir.

On peut ajouter deux ou trois cuillerées de vin à cette sauce si cela ne revient pas trop cher.

Sauce à l'œuf

Beurre, 40 grammes................. Fr. 0.10
Farine, une cuillerée à café.......... 0.01
Un œuf............................ 0.10
Lait, 4 cuillerées.................. 0.02
_____
Fr. 0.23

Mettez la farine et le beurre sur le feu, remuez jusqu'à ce que ce mélange soit très chaud, mais sans laisser brunir ajoutez un demi-litre d'eau, remuez vivement pendant quelques minutes, ajoutez le sel nécessaire, et laissez cuire pendant une demi-heure, en remuant de temps à autre. Mettez dans une tasse 4 cuillerées de lait et un œuf, battez le tout avec une fourchette pour bien opérer le mélange. Retirez la sauce du feu, laissez-la se refroidir pendant deux minutes ; versez-y le lait et l'œuf, remuez un instant toujours hors du feu, et servez.

Sauce vinaigrette

2 cuillerées de vinaigre..............	Fr. 0.03
6 cuillerées d'huile..................	0.10
3 cuillerées d'eau....................	» »
Persil, oignon, sel, poivre...........	0.05
	Fr. 0.18

Mélangez dans une tasse, l'huile, le vinaigre, l'eau, le sel, le poivre, le persil, avec l'oignon hachés fin. Battez ce mélange pendant quelques minutes et servez.

Cette sauce est un excellent accompagnement pour les pommes de terre en robe de chambre.

Sauce économique

Oignons...........................	Fr. 0.05
Farine, une cuillerée à café..........	0.05
Graisse............................	0.10
Persil.............................	0.02
	Fr. 0.22

Mettez la graisse, les oignons et le persil haché sur le feu, ajoutez la farine et faites jaunir ce mélange en tournant vivement avec la cuillère de bois. Ajoutez un 1/2 litre d'eau, couvrez et laissez cuire pendant trois quarts d'heure, en vous assurant de temps à autre de la cuisson et en remuant pendant un instant. Si la sauce vous paraissait trop épaisse, il faudrait y ajouter un peu d'eau, et laisser cuire encore pendant quelques minutes.

Cette sauce est meilleure lorsqu'elle est mouillée avec de l'eau provenant de la cuisson de pommes de terre, de choux, de légumes secs ou de raves.

CHAPITRE VI

Salades

CHAPITRE VI

Salades

Salades de lentilles

Voir la recette page 112.

Salade de mufle de bœuf

Voir la recette à la page 114.

Salade de gras-double

Voir la recette à la page 114.

Salade de haricots verts

Otez les fils des haricots verts, coupez les deux bouts. Mettez-les à la marmite avec 3 litres d'eau froide. Faites bouillir jusqu'à ce que les haricots soient mous. Sortez-les de la marmite, égouttez-les. Mettez-les dans un saladier, et assaisonnez de poivre, sel, huile et vinaigre. Servez tiède.

Salade aux pommes de terre

Faites cuire les pommes de terre en robe de chambre. Laissez-les refroidir, coupez-les en tranches minces, mouillez avec un demi-verre d'eau chaude, remuez bien. Assaisonnez avec l'huile, vinaigre, poivre et sel. Vous pouvez si cela vous était agréable ajouter à cette salade un oignon cru haché fin.

Si vous voulez faire une salade aux pommes de terre très fine : râpez les pommes de terre en robe de chambre froides au lieu de les couper, et ajoutez à l'assaisonnement un peu de betterave rouge, confite au vinaigre et hachée très fin.

Salades aux carottes

Râclez les carottes, coupez-les en rouelles fines, faites-les cuire à l'eau de sel jusqu'à ce qu'elles soient molles. Égouttez-les. Mettez-les dans un saladier, avec huile, vinaigre, sel, poivre, ciboule hachée, et remuez bien à froid, servez tiède ou froid selon votre goût.

Salade Russe

Préparez à l'eau de sel, en les faisant bouillir, une poignée de haricots verts, une poignée de carottes coupée en rouelles, une rave jaune fondante, coupée en petits morceaux. Lorsque ces légumes seront amollis, faites-les égoutter. Coupez une ou deux pommes de terre cuites en robe de chambre, et ajoutez-les à la salade. Ajoutez un peu de concombre, que vous aurez coupé en tranches fines, quelques feuilles de salade verte coupées en lannières, et assaisonnez avec huile, vinaigre, sel, poivre et quelques cuillerées d'eau chaude, 3 ou 4 seulement. Mélangez bien et servez.

CHAPITRE VII

Menus de deux plats pour la saison d'été

Menus de deux plats pour la saison d'hiver

CHAPITRE VII

Menus de deux plats pour la saison d'été

Menus mesurés pour 2 grandes personnes et 4 enfants

Soupe grasse. — Légumes au beurre noir

DIMANCHE

Soupe grasse

Voir la recette à la page 69.
Voir la recette des légumes au beurre noir, page 91.

LUNDI

Soupe aux choux

Voir la recette à la page 74.
Servez cette soupe, puis complétez le repas en mettant sur la table un morceau de fromage bien choisi du prix de 30 centimes.

MARDI

Soupe à l'orge

Voir la recette page 68.

Raves fraiches

Voir la recette page 101.

Soupe verte

Voir la recette page 68.

Légumes de carottes et de pommes de terre

Voir la recette page 93.

Soupe aux pois verts

Voir la recette page 77.

Choux Vosgiens

Voir la recette 100.

Wasserstriwlé

Voir la recette page 99.

Soupe aux prunes

Voir la recette page 172.

Servez en même temps la soupe aux prunes et les wasserstriwlé qui font un mélange très agréable.

Soupe Julienne aux gros légumes

Voir la recette page 70.

Saucisses grillées

Voir la recette page 121.

On place les saucisses grillées sur la purée et on verse par-dessus la graisse dans laquelle on a fait griller les saucisses.

Menus de deux plats pour la saison d'hiver

DIMANCHE

Soupe au riz au gras

Voir la recette page 73.

Choux au maigre, mélangés de pommes de terre

Voir la recette page 97.

LUNDI

Soupe à la semoule

Voir la recette page 78.

Raves aigres ou choucroute

Voir la recette pour les raves aigres, page 86; pour la choucroute page 85.

MARDI

Soupe aux pois secs et au riz

Voir la recette page 63.

Fromage

Le fromage se sert après la soupe, on en choisit avec soin un morceau selon la saison, gruyère ou autre, du prix de 30 centimes.

MERCREDI

Soupe à la farine

Voir la recette page 75.

Légumes de carottes et pommes de terre au lard

Voir la recette page 93.

JEUDI

Soupe à l'orge au gras

Voir la recette page 68.

Gros choux-raves d'hiver (Rutabagas)

Voir la recette page 86.

VENDREDI

Soupe maigre aux lentilles

Voir la recette page 65.

Nouilles

Voir la recette page 86.

Sauce à l'oignon à servir avec les nouilles

Voir la recette page 133.

SAMEDI

Soupe aux pommes de terre

Voir la recette page 67.

Riz au fromage

Voir la recette page 89.

CHAPITRE VIII

Bouillons et Potages

Pour les malades et les petits enfants

CHAPITRE VIII

Bouillons et Potages

Pour les malades et les petits enfants

Bouillon de bœuf

Mettez une livre de bœuf à la marmite avec 2 litres 1/2 d'eau chaude, un peu de sel, deux carottes, quelques branches de persil et laissez cuire pendant 3 heures 1/2 sur un feu très doux pour que le bouillon ne se perde pas en vapeur.

Bouillon de veau

Mettez à la marmite une livre d'os et une livre de veau, avec 2 litres 1/2 d'eau chaude, un peu de sel, deux carottes, quelques branches de persil ; laissez cuire pendant 3 heures 1/2 sur un feu doux sans couvercle.

En été la laitue n'étant pas chère, je conseillerais d'en ajouter quelques feuilles à ce bouillon.

Potage au bouillon de veau

Pour les enfants de premier âge

Mettez à la marmite une demi-livre d'os de veau, 2 litres d'eau, 2 cuillerées de riz, couvrez la marmite et laissez cuire sur un feu doux pendant 3 heures. Passez ce potage à travers un linge pour en écarter les grains, et ajoutez un petit morceau de sucre. Gardez ce bouillon au frais et ne chauffez que la portion à donner en une fois. Ce bouillon ne se conserve pas plus de quelques heures, il s'aigrit et devient dangereux dès qu'il commence à se piquer, il faut donc en faire de frais tous les jours.

Potage au bouillon de veau pour les malades

Prenez une livre d'os de veau que vous mettrez à la marmite avec 3 cuillerées de riz, 2 litres d'eau, un peu de sel, une carotte ou deux, quelques branches de persil. Laissez cuire pendant 3 heures sur un feu très doux. Passez-le à travers un linge à fils assez écartés pour que le mucilage le traverse aisément, mais que les grains de riz s'y trouvent arrêtés. Gardez ce potage au frais et ne chauffez chaque fois que la portion nécessaire. Ce potage ne se conserve que quelques heures, il faut le renouveler tous les jours.

Potage au tapioca

Prenez une assiettée de bouillon de bœuf dont la recette se trouve en tête de ce chapitre. Mettez bouillir cette petite portion de bouillon à la casserole en ayant soin de ne pas y laisser de parcelles de légumes ou de verdure ayant servi à le préparer. Laissez tomber dans ce bouillon chaud une cuillerée à café de tapioca et laissez cuire pendant 20 minutes le couvercle dessus.

Potage à la farine d'orge, dite crème d'orge

Mettez une cuillerée à café de crème d'orge dans une tasse, versez-y 4 ou 5 cuillerées de bouillon froid et remuez jusqu'à ce que la farine soit bien mélangée au bouillon, sans qu'il y reste de petits grumeaux. Remplissez la tasse avec du bouillon froid, remuez un peu, versez ce mélange dans une petite casserole, que vous placez sur le feu, remuez jusqu'à ce que ce potage commence à bouillir. Laissez cuire doucement pendant une demi-heure.

Potage au gruau d'avoine

Se prépare comme le potage à la crème d'orge.

Potage à la farine de salep

Se prépare comme le potage à la crème d'orge.

Potage à la farine de riz, dite crème de riz

Se prépare comme le potage à la crème d'orge.

Potage au mucilage d'orge

Mettez à la marmite une demi-livre de bœuf avec un litre et demi d'eau, 2 carottes, un peu de sel, quelques branches de persil, une poignée d'orge. Laissez cuire pendant 3 heures 1/2 sur un feu très doux. Retirez la viande. Passez le bouillon à travers une passoire pour en ôter les grains. Gardez ces grains pour les mêler à la soupe des bien portants. Mettez ce bouillon au frais, laissez-le refroidir complètement pour que la graisse qu'il pourrait contenir vienne se figer à la surface, enlevez-la soigneusement avec une cuillère, mettez-la dans votre pot à graisse pour ne pas la laisser se perdre. Prenez la portion de mucilage que vous voulez employer et chauffez-la sur un feu doux. Laissez le reste au frais pour les fois suivantes.

Panade au lait

Pour une assiettée

Faites griller sur le fourneau **deux** petites tranches minces de pain de la dimension de deux doigts. Mettez-les dans une petite casserole avec un morceau de beurre **gros comme** une grosse noisette. Faites griller ces tranches dans le beurre sur un feu vif pendant deux minutes ou trois. Ajoutez un demi-verre d'eau, un peu de sel, laissez mijoter pendant 10 minutes, écrasez bien le pain en remuant avec la cuillère pour le réduire en bouillie. Ajoutez un verre de lait et laissez cuire encore pendant 1/4 d'heure en remuant de temps à autre.

Potage au bouillon

Pour une assiettée

Se fait comme la panade au lait, avec cette différence que le verre de lait est remplacé par un verre de bouillon.

Potage velouté

Mettez dans une tasse une petite cuillerée à café de farine, versez-y petit à petit 4 ou 5 cuillerées de bouillon froid, en remuant vivement pour éviter les boulettes. Ajoutez une assiettée de bouillon froid, mettez dans une petite casserole sur un feu doux et cuisez pendant 20 minutes en remuant de temps à autre.

Bouillie à la farine

Pour les petits enfants

Mettez dans une tasse une cuillerée à café de farine, ajoutez 4 ou 5 cuillerées de lait froid, remuez bien, pour faire fondre tous les grumeaux, ajoutez un peu de sucre pilé. Mettez sur le feu, remuez un moment. Ajoutez un demi-litre de lait, remuez vivement un instant, puis lentement jusqu'à ce que la bouillie fasse de petits bouillons. Mettez sur le bord du fourneau et laissez cuire très doucement pendant 3/4 d'heure ou une heure, jusqu'à ce que la bouillie ait pris une légère teinte jaune, bien cuite, elle est d'une digestion plus facile.

Bouillie au tapioca

Se fait comme la bouillie à la farine.

Bouillie à la semoule

Se fait comme la bouillie à la farine.

Bouillie au salep

Se fait comme la bouillie à la farine.

Toutes ces bouillies sont délayées avec le lait coupé d'un peu d'eau pour les tout petits enfants de premier âge.

CHAPITRE IX

Gateaux et Beignets

CHAPITRE IX

Gateaux et Beignets

Gâteau levé aux prunes

Prunes, 100........................	Fr.	0.15
Farine, 1 livre.....................		0.30
1 œuf frais.........................		0.10
Un 1/2 litre de lait................		0.10
Beurre frais		0.10
Levure de bière		0.05
Une pincée de sel		0.01
Sucre en poudre.....................		0.10
	Fr.	0 91

Mettez la farine dans une terrine, faites un creux dans le milieu, cassez-y l'œuf, ajoutez le sel et 3 cuillerées de lait. Faites fondre le beurre doucement sur le bord du fourneau, ajoutez-le à la farine et à l'œuf. Mettez la levure dans une tasse avec six cuillerées de lait tiède, délayez soigneusement ce mélange en tournant avec la cuillère de bois, jusqu'à ce qu'il forme une bouillie sans grumeaux. Versez cette bouillie dans la farine et remuez vivement, ajoutez le lait par cuillerées, en continuant à remuer fortement. Il faut que cette pâte soit assez consistante pour qu'on puisse l'abaisser sous le rouleau à pâte. Si elle se trouvait être trop liquide, il faudrait y ajouter un peu de farine, le moins possible pourtant, car l'excès de farine rend la pâte lourde. Saupoudrez la planche d'un peu de farine, ainsi que le rouleau. Posez la pâte sur la planche, abaissez-la avec le rouleau à l'épaisseur d'une pièce de 10 centimes, puis posez-la sur la plaque à gateaux. Sortez les noyaux des prunes, rangez les fruits sur la pâte, saupoudrez de sucre et laissez reposer à un endroit tiède pendant 3 heures. Puis mettez ce gâteau au four du boulanger, si vous n'avez pas de four chez vous, et faites lui prendre belle couleur.

Gâteau levé aux cerises

Se fait comme le gâteau levé aux prunes.

Gâteau levé de mirabelles

Se fait comme le gâteau levé aux prunes.

Mendiant

Ce plat fait un excellent souper du dimanche

1 litre de lait	Fr. 0.20
4 œufs	0.40
Pain ou pain au lait	0.10
Sucre.............................	0.10
	Fr. 0.80

Mettez les œufs dans une terrine, battez-les avec le lait et sucre. Rangez au fond d'un plat en terre les tranches de pain; versez le lait et les œufs mélangés sur ce pain, et mettez le tout sur un feu doux, couvrez bien avec un couvercle et laissez cuire pendant une demi-heure.

Mendiant aux cerises

Pain au lait, 2 pains................	0.10
Sucre...........................	0.10
1/2 litre de lait...................	0.10
Cannelle	0.02
3 œufs	0.30
Une livre de cerises	0.15
	Fr. 0.77

Otez les noyaux des cerises, mettez les fruits dans un demi-litre d'eau, ajoutez le sucre et la cannelle, faites cuire pendant 1/4 d'heure. Déposez les tranches de pain au lait coupées minces dans le lait, sortez-les et rangez-les au fond d'un plat en terre. Mélangez les œufs et le lait en tournant vivement, ajoutez les cerises, remuez un peu, versez ce mélange dans le plat sur les tranches, posez un couvercle dessus, fermez bien, et laissez cuire doucement pendant une demi-heure. Servez chaud ou tiède selon votre goût.

Gâteau de cerises

1/2 livre de farine	Fr. 0.15
1/4 de livre de beurre frais	0.30
1 livre de cerises.................	0.15
Sucre...........................	0.10
	Fr. 0.70

11

Mettez la farine dans une terrine, ajoutez-y le beurre coupé en petites tranches fort minces, 4 cuillerées d'eau de sel, maniez ce mélange pour en faire une pâte, si elle devenait trop épaisse, il faudrait y ajouter de l'eau de sel, par cuillerées seulement, en pétrissant entre chaque cuillerée, jusqu'à ce qu'elle ait pris la consistance voulue.

Saupoudrez la planche et le rouleau d'un peu de farine et abaissez la pâte sous le rouleau jusqu'à ce qu'elle soit de l'épaisseur d'un gros sou. Posez-la sur la plaque à gâteaux en relevant les bords en bourrelet. Otez le noyau des cerises, posez les fruits sur la pâte, saupoudrez de sucre en poudre et mettez au four du boulanger, si vous n'avez pas de four chez vous.

Gâteau de pommes

Se fait comme le gâteau de cerises.

Gâteau de prunes

Se fait comme le gâteau aux cerises.

Gâteau de mirabelles

Se fait comme le gâteau de cerises.

Tranches au vin

3 pains au lait......................	Fr.	0.15
Beurre ou graisse 60 grammes		0.10
1|2 litre de lait.....................		0.10
Un verre de vin.....................		0.20
Sucre..............................		0.15
Cannelle...........................		0.01
	Fr.	0.71

Coupez chaque pain au lait en quatre tranches et faites-les tremper dans le lait. Chauffez le beurre à la poële, attendez qu'il soit bien chaud. Egouttez les tranches de pain au lait, faites-les frire dans le beurre. Chauffez le vin avec une partie du sucre, écrasez le reste du sucre pour le réduire en poudre, mélangez-le à la cannelle. Déposez les tranches frites dans un plat, saupoudrez-les de sucre et de cannelle, versez le vin bouillant par-dessus et servez chaud.

Beignets aux pommes

6 pommes	Fr. 0.15
Farine, 1/2 livre	0.15
1/2 litre de vin blanc...............	0.30
Sucre, 2 cuillerées..................	0.10
Graisse, 125 grammes...............	0.20
	Fr. 0.90

Pelez les pommes, enlevez les parties dures du milieu et des bouts avec un couteau pointu, coupez-les en rouelles, faites une pâte avec le vin et la farine, mélangez-y le sucre dont vous réservez une partie que vous écraserez finement pour en saupoudrer les beignets. Trempez les rouelles de pommes dans la pâte que vous aurez remuée très vivement pendant un bon moment. Posez les tranches de pommes enduites de pâte dans la graisse très chaude, sur le fond de la casserole les unes à côté des autres sans les empiler. A mesure que les beignets prennent bonne couleur, retirez-les de la casserole, déposez-les sur un plat, saupoudrez-les de sucre, et remettez-en d'autres frire dans la même graisse bouillante en les rangeant de même en une seule couche au fond de la casserole.

Pâte brisée pour gâteaux aux fruits

Farine, 1 livre	Fr.	0.30
1/2 livre de beurre frais		0.60
Sel		0.01
	Fr.	0.91

Pétrissez le beurre à l'eau fraîche entre vos doigts pendant quelques minutes. Mélangez ce beurre lavé à la farine en pétrissant des deux mains jusqu'à ce que ce mélange se mette en miettes. Ramassez ces parcelles en un petit tas, faites un creux au sommet, versez-y un verre d'eau et dépêchez-vous de le mélanger à la pâte. Plus vous opérerez vite, plus votre pâte sera bonne, roulez cette pâte sous le rouleau pour l'abaisser à l'épaisseur d'une pièce de 10 centimes, mettez-la sur la plaque à gâteaux ; piquez-la de distance en distance avec une fourchette pour éviter les boursouflures qui pourraient se produire pendant la cuisson. Rangez sur la pâte les fruits à votre choix, saupoudrez de sucre et faites cuire au four du boulanger si vous n'avez pas de four chez vous.

Nota. — Pour que les pâtes restent délicates et fondantes il faut les travailler d'une main très légère.

Beignets de fête

Farine, 1 livre	Fr.	0.30
Lait, 1 litre		0.20
1/4 de beurre frais (125 grammes)		0.30
12 œufs		1.20
Huile à frire		0.80
	Fr.	2.80

Mettez dans le lait chaud le beurre que vous laissez fondre; ajoutez la farine, tournez très vivement en tenant la casserole sur la flamme; travaillez cette pâte avec la cuillère de bois, jusqu'à ce qu'elle se détache de la casserole. Otez-la du feu et continuez à tourner lestement jusqu'à ce que la pâte soit à peu près refroidie. Mettez à l'avance les œufs reposer à l'eau tiède « mais non chaude » et laissez-les tiédir, puis cassez un de ces œufs dans la pâte, remuez jusqu'à ce qu'il ait disparu, cassez un second œuf et remuez encore comme pour le premier, allez ainsi jusqu'au dernier; ajoutez du sel ou du sucre selon votre goût. Prenez 3/4 de litre d'huile de colza préparée comme il est dit au chapitre XI de ce petit livre. Mettez-la sur le feu dans une casserole et chauffez-la bien. Prenez une cuillerée de pâte, déposez-la dans l'huile très chaude, puis une autre cuillerée que vous posez à côté de la première, mais sans qu'elles se touchent; garnissez ainsi tout le fond de la casserole en ayant soin d'espacer les beignets. Retirez la casserole sur le bord du fourneau, arrosez les beignets avec l'huile bouillante que vous prenez dans la casserole où plongent les beignets, avec une cuillère à long manche pour ne pas vous brûler. Les beignets doivent devenir d'une légèreté parfaite. Continuez à les arroser comme dit jusqu'à ce qu'ils se retournent d'eux-même dans la friture. Laissez-les jaunir, mais en évitant qu'ils brunissent. Mettez-les sur un plat et servez très chaud. La cuisson des beignets doit se faire sur un feu peu ardent.

Nota. — On peut remplacer l'huile à frire par de la graisse.

Le reste de l'huile ou de la graisse se met de côté dans un petit pot bien propre, et peut s'employer une seconde fois.

Beignets roulés

Une demi-livre de farine	Fr. 0.15
1/2 verre de lait	0.02
Gros comme une noix de beurre	0.05
Sucre	0.10
1 œuf	0.10
Graisse, 300 grammes	0.60
	Fr. 1.02

Mettez la farine sur la planche en un petit tas, faites un creux au sommet, cassez-y l'œuf, pétrissez-le dans la farine en restant bien au milieu du tas; ajoutez une cuillerée de lait, le sel nécessaire et pétrissez en partant du milieu vers les bords, ces premiers pétrissages se font avec la cuillère en tournant comme pour remuer un liquide, versez encore une cuillerée de lait et pétrissez encore, faites cela jusqu'à ce que la pâte ait la consistance nécessaire pour que vous puissiez la pétrir à la main. Faites alors votre pâte avec les mains, sans trop appuyer pour qu'elle reste légère, et pétrissez jusqu'à ce que le mélange soit lisse et mollet.

Coupez-la en deux parties égales, prenez la première moitié, mettez un peu de farine sur le rouleau et un peu sur la planche, et abaissez la pâte en la roulant pour lui donner l'épaisseur d'un sou. Coupez cette nappe de pâte en rubans de la largeur de trois doigts, et ce ruban en morceaux de la longueur de quatre doigts en tenant le couteau de biais, ce qui vous fera de jolis losanges. Mettez la graisse chauffer dans la poêle. Faites-y dorer les beignets d'un beau jaune, il faut pour cela que la graisse soit très chaude. Retirez-les de la poêle. Mettez-les sur un plat, saupoudrez de sucre pilé, et servez chaud ou tiède selon votre goût.

Nota. — On peut remplacer la graisse par de l'huile à frire.

Baba dit gouglopf

1 livre 1/2 de farine.................	Fr. 0.45
1/2 livre de beurre frais.............	0.65
Levure de bière....................	0.15
Un 1/2 litre lait...................	0.10
125 grammes de sucre..............	0.10
4 œufs...........................	0.40
Une pincée de sel.................	0.01
	Fr. 1.86

Ecrasez la levure, mettez-la dans une terrine avec la farine et une pincée de sel ; faites chauffer le lait, en ayant soin de ne pas le laisser bouillir, il ne doit être que fortement tiède ; faites-y fondre le beurre, ajoutez-le à la farine et remuez en battant comme si vous faisiez une pâte de pain. Déposez à l'avance les œufs dans l'eau tiède pour ne pas les employer froids, ce qui empêcherait le gouglopf de lever. Cassez un de ces œufs dans la pâte et remuez jusqu'à ce qu'il ait disparu. Cassez un deuxième œuf et remuez comme la première fois, puis un troisième, en opérant de même et enfin le quatrième. Remuez bien pendant un bon moment, puis battez cette pâte avec la main comme font les boulangers pour pétrir leur pâte à pain, cela pendant 10 minutes.

Graissez le moule à baba avec du beurre frais, versez-y la pâte, laissez reposer pendant 3 heures dans un endroit tiède pour la faire lever. Faites cuire au four du boulanger, si vous n'avez pas de four chez vous.

Plus vous remuerez la pâte du gouglopf, plus il sera fin et léger.

Brioche Agathe

Farine 2 livres......................	Fr.	0.60
Beurre 65 grammes,................		0.18
Sucre 65 grammes.................		0.09
1 œuf...............................		0.10
Sel.................................		0.01
Levure.............................		0.10
	Fr.	1.08

Faites tiédir le lait, puis mettez-y le beurre. Laissez reposer pendant quelques minutes. Mettez la farine dans une terrine, écrasez soigneusement la levure entre vos doigts mélangez-la bien à la farine, puis ajoutez le lait, le beurre, le blanc de l'œuf, le sucre et le sel. Travaillez ce mélange avec les deux mains à la manière des boulangers. Faites ainsi 600 pétrissages, c'est-à-dire : soulevez la pâte, et rejetez-la avec force au fond de la terrine 600 fois de suite en se reposant de temps à autre. Mettez la terrine dans un endroit tiède pour faire monter la pâte. Surveillez votre pâte. Quand elle sera levée, posez-la sur la plaque à gâteaux en lui donnant la forme d'une brestelle. Laissez encore reposer un moment pour faire lever la pâte une deuxième fois sur la plaque même. Prenez le jaune de l'œuf pour en peindre la brioche, et cuisez au four; si vous n'avez pas de four faites-la cuire au four du boulanger, qui ne vous fera pas payer ce petit service rendu à un client habituel.

CHAPITRE X.

Compotes

CHAPITRE X

Compotes

En été les compotes servies avec des pommes de terre composent un excellent souper, voici comment on les prépare :

Compote de cerises

Mettez les cerises dans la casserole avec un verre d'eau par livre de fruits, un peu de sucre, un brin de cannelle, un ou deux clous de girofle, et laissez cuire pendant une demi-heure. Servez chaud ou froid.

Compote de cerises dite soupe aux cerises

Cerises, une livre....................	Fr. 0.15
2 pains au lait......	0.10
Sucre, cannelle, clou de girofle	0.15
Deux ou trois verres d'eau à volonté...	. 0.15
Graisse, 60 grammes	» »
	Fr. 0.50

Mettez les cerises dans la casserole avec le sucre, les clous de girofle, très peu de cannelle, 1/2 litre d'eau, et laissez cuire pendant une demi-heure. Coupez les pains au lait en tranches minces, mettez-les à la poële avec la graisse, laissez bien chauffer pendant un moment en secouant la poële, et versez ce pain avec la graisse bouillante dans les cerises. Servez bien vite pour que le pain reste croquant.

Compote de prunes

Se fait comme la compote de cerises.

Soupe aux prunes

Se fait comme la soupe aux cerises, mais en enlevant les noyaux des prunes.

Nota. — Dans le pays où le vin est à bon marché on met un verre de vin dans la soupe aux cerises et dans la soupe aux prunes.

Compote aux mirabelles

Se fait comme la compote de cerises, mais sans cannelle et sans clous de girofle, simplement avec le sucre et l'eau.

Compote de pommes

Pelez les pommes, enlevez la partie dure du milieu, coupez-les en morceaux, mettez-les à la casserole avec un verre d'eau par livre de fruit, du sucre, et laissez cuire jusqu'à ce que les pommes soient assez molles pour s'écraser avec une fourchette. Mettez-les en bouillie, remuez un instant avec la cuillère et servez chaud ou froid selon votre goût.

Compote de poires

Pelez les poires, mettez-les dans la casserole, ajoutez de l'eau fraîche en suffisance pour qu'elle dépasse les fruits d'un doigt ; ajoutez du sucre et laissez cuire pendant trois quarts d'heure ou une heure selon l'espèce de poires.

On peut opérer de même pour les pommes.

———————

CHAPITRE XI

Préparation de l'huile de colza, de la graisse de bœuf, du saindoux et de la graisse de ménage

---

CHAPITRE XI

Préparation de l'huile de colza, de la graisse et du saindoux

Huile de colza

Prenez un gros oignon, coupez-le en deux, préparez une tranche de pain grande comme la main et de l'épaisseur d'un doigt. Trempez-la d'eau. Jetez ce pain et cet oignon dans l'huile bouillante, retirez-vous vite pour éviter que les éclaboussures vous atteignent. Laissez cuire un moment, puis enlevez la marmite du feu. Attendez que l'huile soit froide, sortez-en le pain et l'oignon et versez-la dans une bouteille sur laquelle vous mettrez une étiquette, pour éviter de la confondre avec le vinaigre ou le vin. Dans une cuisine bien ordonnée chaque bouteille doit porter son étiquette. Cette huile vaut 1 franc 10 centimes le litre, on peut l'employer pour les légumes, les pommes de terre et la salade ; elle est parfaite pour les fritures.

Préparation de la graisse de bœuf

Vous obtiendrez une graisse très blanche en même temps qu'à fort bon marché par la recette suivante.

Choisissez chez le boucher deux livres de graisse de bœuf

12

« bien fraiche », examinez-la soigneusement pour voir si
elle est de bonne qualité. La graisse de bœuf doit être
blanche, la graisse de teinte jaune est de mauvais emploi.
Coupez la graisse en petits morceaux, mettez-la sur un feu
modéré avec deux verres d'eau, et surveillez-la pour qu'elle
ne se brûle pas. Remuez de temps à autre avec la cuillère
de bois. Lorsque vous verrez les morceaux prendre un
aspect sec et serré, retirez la marmite du feu, versez la
graisse dans un pot de grès à travers la passoire ou l'écumoire, posez le pot de grès dans une terrine dans laquelle
vous aurez mis un peu d'eau froide. Remuez la graisse
lentement avec la cuillère de bois jusqu'à ce qu'elle soit
refroidie. Servez-vous des grumeaux restés dans la passoire
pour en graisser des choux.

Préparation du saindoux

Choisissez du lard très gras au lieu de saindoux, la
graisse sera blanche, parfumée et vous coûtera 20 ou 25
centimes de moins à la livre. Coupez ce lard en morceaux
très petits, mettez-le sur le feu avec trois verres d'eau par
kilo de lard. Laissez cuire jusqu'à ce que la graisse qui en
est découlée soit claire et non plus trouble. Mettez les
morceaux dans l'écumoire, pressez-les fortement avec la
cuillère de bois pour bien les exprimer. Lorsque vous aurez
pressuré à fond tous les morceaux, mettez-les sur une
assiette, et gardez-les pour en graisser un ou deux légumes,
selon leur quantité, ils donnent un goût excellent aux
légumes et aux pommes de terre.

Versez la graisse de lard, qui n'est autre que du saindoux,
dans un pot de grès, que vous posez dans une terrine où

vous aurez versé un peu d'eau froide; remuez lentement avec la cuillère de bois jusqu'à ce que le saindoux soit refroidi.

Graisse de ménage

Prenez moitié saindoux cru et moitié graisse de bœuf crue. Coupez-les en très petit morceaux. Mettez-les à la marmite avec un ou deux verre d'eau selon la quantité de graisse et saindoux, soit 3/4 de verre par livre. Laissez cuire jusqu'à ce que la graisse ne soit plus trouble. Sortez-en les morceaux, que vous presserez bien dans l'écumoire pour les exprimer à fond. Mettez ces morceaux bien exprimés sur une assiette, gardez-les pour en graisser des choux, des pommes de terre ou tout autre légume. Versez la graisse dans un pot de grès que vous poserez dans une terrine où vous aurez mis un peu d'eau froide. Remuez avec la cuillère de bois jusqu'à ce que la graisse soit froide.

Cette graisse est excellente pour les légumes et les fritures: la livre de graisse de bœuf coûte 0.60 centimes, la livre de saindoux 1 fr. 10, ce qui met le kilo à 1 fr. 70, prix bien inférieur à la graisse que l'on achète chez les épiciers.

CHAPITRE XII

Conservation des légumes frais et des légumes au sel

CHAPITRE XII

Conservation des légumes frais et des légumes au sel

Si vous avez une petite cave à votre disposition, ne manquez pas de l'employer pour des conserves d'hiver; les **légumes** sont beaucoup moins chers en automne, au moment de la récolte que pendant le reste de l'année, de plus, on a l'avantage de la facilité du choix qui vous permet de les prendre de meilleure qualité. Il **est** nécessaire d'acheter à l'avance les pommes de terre, les choux, les navets et les gros choux-raves d'hiver. Ces choux-raves dont on fait un légume excellent sont employés trop rarement dans notre pays; ils sont précieux par la modicité de leur prix et les ménagères trouveraient fort bien leur compte en les employant en hiver une fois par semaine pour le principal repas de la journée. Leur nom en terme de jardinage est " Rutabagas "

Pommes de terre

Placez deux poutres ou deux rondins de bois de la longueur d'un mètre environ, à quelque distance l'un de l'autre dans un des coins de la cave, placez au-dessus, de manière à en faire une sorte de plancher, des planches étroites séparées l'une de l'autre de la largeur d'un doigt pour laisser l'air circuler ; versez les pommes de terre sur ce tréteau, elles s'y conservent mieux que sur le sol de la cave toujours plus ou moins humide où elles pourrissent rapidement.

Carottes

Mettez une couche de sable de 10 centimètres d'épaisseur sur le sol de la cave, rangez les carottes en un cercle sur le bord extérieur de ce sable, les collets en dehors, les pointes avec la racine se touchant vers le milieu. Mettez par-dessus une couche de sable de deux à trois centimètres d'épaisseur. Placez un nouveau rang de carottes disposé comme le premier et continuez ainsi jusqu'à ce que toutes les carottes soient empilées en une pyramide se rétrécissant vers le haut, ce qui donnera plus de solidité à l'entassement et recouvrez d'un peu de sable.

Choux

Les choux se posent sur des planches, comme il est dit pour les pommes de terre.

Poireaux

Les poireaux sont moins chers que les oignons, et donnent le même goût aux soupes et aux sauces. Ils s'achètent à bon compte en automne, il faut donc se les procurer autant que possible à ce moment-là. Mettez une épaisseur de 20 centimètres de terre sur le sol de la cave près du soupirail, de façon que la plantation reçoive un peu de jour. Mettez des planches autour de ce tas de terre ; pour en faire une petite platebande. Plantez-y les poireaux et arrosez-les légèrement de temps à autre pour que la terre ne se mette pas en poussière. Les poireaux se conservent ainsi **pendant tout** un hiver dans une cave bien aérée.

Gros choux-raves d'hiver (Rutabagas)

Les gros choux-raves d'hiver s'achète en automne au prix de 10 centimes les trois. Leur volume est comparable à la grosseur d'une tête d'enfant. On les conserve frais à la cave sur un lit de sable. Une cave humide ne leur convient pas, et dans ce cas, il vaudrait mieux les mettre au sel, comme la choucroute et les raves aigres.

Conservation des légumes au sel

Choucroute

Prenez un tonneau de petite dimension, enlevez un des fonds, dressez le tonneau sur le fond qui lui reste, remplissez-le d'eau et laissez-le ainsi pendant deux ou trois jours, pour permettre aux douves de se gonfler en détruisant les fentes qui pourraient s'y trouver. Brossez soigneusement les parois de ce tonneau, de façon à ce qu'elles soient d'une propreté parfaite. Videz l'eau du nettoyage, remplacez-la par de l'eau bouillante à laquelle vous ajoutez deux grosses poignées de feuilles de vignes. Recouvrez le tonneau d'un linge et laissez macérer jusqu'au lendemain. Videz le tonneau, séchez-le avec un torchon propre en évitant qu'il y reste des parcelles de feuilles.

Choisissez les choux très durs, très blancs, à côtes fines. Le chou à choucroute est de forme ronde et applatie, il ressemble à une petite miche de pain très épaisse. Faites couper les choux par le coupeur de choux qui donnera à la choucroute une coupe plus fine que celle que vous pourriez faire vous-même. Cependant, si vous désirez faire cette économie, ou si, dans votre localité, le coupeur de choux n'existait pas, coupez les choux avec un grand couteau bien aiguisé. Posez chaque tête l'une après l'autre sur une planchette posée en travers d'un baquet, et efforcez-vous à faire de petites tranches minces passant du haut de la tête du choux à travers toute son épaisseur, jusqu'à la partie du bas où s'insère la tige ; ces tranches tombent à mesure dans le baquet.

Mesurez un baquet de choucroute fraîchement coupée, déposez-le au fond du tonneau, garni de feuilles de vignes bien lavées et essuyées, en une couche aussi égale que possible. Pressez-la fortement avec les mains, saupoudrez d'une bonne poignée de sel gros. Remettez un baquet de choucroute par-dessus, en égalisant cette nouvelle couche comme vous l'avez fait pour la première couche, saupoudrez encore d'une poignée de gros sel, et continuez ainsi jusqu'à ce que le tonneau soit plein. Mettez un peu d'eau fraîche au-dessus, couvrez d'un linge blanc bien propre, placez-y le couvercle qui doit-être taillé assez petit pour qu'il reste entre ses bords et les parois du tonneau une ouverture de la largeur d'un doigt, de façon à ce qu'il repose de tout son poids sur la choucroute. Déposez 2 ou 3 gros pavés sur ce couvercle. Plus le couvercle est pesant, mieux cela vaut.

Ayez soin, chaque fois que vous sortirez de la choucroute du tonnelet de laver le linge qui la recouvre, le couvercle et les parois qui dépassent la choucroute à l'eau fraîche. Assurez-vous si l'eau la recouvre de l'épaisseur d'un doigt, et dans le cas contraire, ajoutez un peu d'eau.

La choucroute bien tenue se conserve pendant une année au moins.

Choux confits, dit « Kumpisch »

Achetez des feuilles de choux détachées, ou des choux de deuxième qualité qui coûtent fort peu. Préparez un tonnelet comme pour la choucroute. Coupez les feuilles en tranches larges de deux doigts, mettez-les dans le tonnelet par couches, saupoudrez chaque couche de gros sel, de peu d'épaisseur, versez un peu d'eau fraîche par-dessus, couvrez d'un linge blanc, et posez dessus le couvercle chargé de pierres.

Ne vous étonnez pas de l'odeur forte que prennent ces choux, elle passe en les lavant à l'eau fraîche, et le légume est vraiment excellent.

Raves confites, dites « Raves aigres »

Coupez les raves en lanières très fines comme des nouilles, au moyen d'un couperet spécial que possèdent les coupeurs de choucroute. A défaut de ce couperet, efforcez-vous avec un grand couteau bien aiguisé de couper ces bâtonnets le mieux possible. Rangez les dans un tonnelet comme il est dit pour la choucroute, mais en y mettant un peu moins de sel, et recouvrez d'un peu d'eau, d'un linge blanc, du couvercle et deux grosses pierres.

Gros choux-raves d'hiver au sel (Rutabagas)

Se préparent comme les raves aigres.

Betteraves rouges

Cuisez les betteraves, pelez-les, coupez-les en rouelles minces, et mettez-les dans un pot de grès avec du vinaigre les dépassant d'un doigt ; ajoutez du poivre en grain, de l'oignon pelé, coupé en rouelles. Les betteraves ne sont bonnes qu'après avoir passé 3 ou 4 jours au moins dans le vinaigre, elles s'y conservent fort bien pendant des mois.

On sert les betteraves rouges avec le bœuf bouilli, comme les cornichons.

———————

INSTRUCTION

pour combattre

LA TUBERCULOSE

— ⋙⋘ —

1. La **Tuberculose** occupe le **premier rang** parmi les maladies contagieuses **mortelles;** elle est souvent due à l'alcoolisme.

2. D'une manière générale, ce sont les poumons qui sont envahis par la Tuberculose **(Phtisie pulmonaire);** cependant, d'autres organes tels que les glandes, les os, les articulations, etc., peuvent être atteints également;

L'issue fatale de toutes ces manifestations tuberculeuses est, le plus souvent la phtisie pulmonaire.

3. **La contagion et la propagation de la Tuberculose** proviennent principalement des expectorations, des **Crachats** de personnes atteintes de phtisie pulmonaire.

4. La transmission du germe sur des personnes saines peut se produire lorsqu'un malade *vous tousse directement au visage, ou qu'il vous cause de trop près;* mais le plus souvent, cela résulte de ce que le poison mortel, sous forme de crachats, se trouve sur les planchers, contre les parois, sur les mouchoirs de poche, les effets d'habillement, les meubles, les objets usuels et dans les crachoirs remplis de

sciure ou de sable ; ces crachats étant secs, s'en vont en poussière et sont respirés par des personnes bien portantes.

5. Pour diminuer la contagion, il est indispensable que chaque personne qui tousse ou crache, ait la précaution, en toussant, de *mettre la main devant sa bouche et d'éviter de cracher par terre dans les établissements publics quels qu'ils soient,* ailleurs que dans les *crachoirs* mis à la disposition du public, ou à défaut de cracher dans son *mouchoir*.

Les personnes saines qui auraient à soigner un poitrinaire, doivent veiller à ce que le malade expectore toujours dans un crachoir spécial en porcelaine blanche rempli d'eau antiseptisée, et à ce que toutes mesures de prudence soient observées consciencieusement par le malade. Un poitrinaire qui observe ces prescriptions *n'est pas dangereux* pour ceux qui l'entourent. Par contre, la non observation de ces mesures *met en danger la santé de son prochain,* et surtout de sa famille, et de ceux qui sont obligés de vivre dans le même local que lui. *Il est expressément ordonné aux personnes saines* **de ne pas dormir dans la chambre d'un phtisique.**

6. Il serait à recommander que dans tous les locaux où il y a affluence de monde, (les gares, salles d'attente, usines, écoles, églises, etc.), on mette des *crachoirs remplis d'eau* et non de sciure et de sable, et dans les logements habités par des poitrinaires, il devrait s'en trouver un dans chaque chambre.

7. **Recommandation importante :** N'employer comme crachoirs, que des récipients en porcelaine, faïence ou émail, et les *remplir d'eau* afin qu'on puisse de temps en temps les vider dans les cabinets d'aisance. Avant de vider

ces crachoirs il est nécessaire de répandre par-dessus leur
contenu de l'eau bouillante et de l'y laisser reposer pendant
un quart d'heure pour en détruire les microbes, ces microbes
versés dans les cabinets d'aisance, se répandraient plus
tard au dehors sans cette précaution.

8. Lorsque des objets tels que vêtements, linge, vaisselle,
etc., auront été souillés par les crachats d'un poitrinaire, ils
devront être nettoyés avec le plus grand soin et, de préférence, passés à l'eau bouillante, ce qui désinfecte en partie.

9. Dans les locaux habités par des poitrinaires, on aura
soin de les tenir avec une *propreté sévère, d'aérer fréquem-
ment, si possible avec beaucoup de soleil.* Il faudra surtout
combattre la poussière, et, de préférence, enlever celle-ci
avec des linges humides.

10. Les locaux dans lesquels des poitrinaires auront vécu
ou seront décédés, devront être désinfectés avec beaucoup
de soin. Ne jamais habiter immédiatement un logement dans
lequel aura vécu auparavant un poitrinaire, *sans le désin-
fecter à fond.*

11. Quand un poitrinaire s'occupe de la préparation ou
de la manipulation de la nourriture, ou bien qu'il se trouve
en contact régulier avec des personnes saines, comme dans
les écoles, maisons de commerce, bureaux, ateliers, fabri-
ques, etc., *il devient dangereux,* si les observations précé-
dentes ne sont observées rigoureusement.

12. Un tuberculeux toussant et crachant beaucoup qui
s'occuperait de la *vente d'objets d'alimentation, à traire
ou à soigner les vaches, serait très dangereux pour le
consommateur.*

13. Comme le lait contient très souvent des germes de tuberculose, il est expressément recommandé de le faire cuire avant de le consommer.

14. **La phtisie pulmonaire est guérissable** si elle est combattue à temps. Les chances de guérison seront beaucoup plus grandes si, dès le début, le malade recourt aux soins du médecin, et quitte les siens pour se faire soigner dans les sanatoriums qui commencent à se développer en France, et qui ont déjà sauvé bien des existences.

C. FROEREISEN

TABLE DES MATIÈRES

PREMIÈRE PARTIE

DEUXIÈME PARTIE

LIVRE DE CUISINE

CHAPITRE Iᵉʳ

Soupes servant de repas complet

Soupes simples

CHAPITRE II

Légumes servant de repas complets

Légumes simples

IV

CHAPITRE IV

Viandes et Poissons

CHAPITRE V

Sauces

CHAPITRE VI

Salades

VI

CHAPITRE VII

Menus de deux plats pour la saison d'été

Dimanche

Menus de deux plats pour la saison d'hiver

Dimanche

CHAPITRE VIII

Bouillons, Potages et Bouillies

Pour les malades et les petits enfants

CHAPITRE IX

Gâteaux et Beignets

CHAPITRE X

Compotes

CHAPITRE XI

Préparation de l'huile de colza, de la graisse et du saindoux

CHAPITRE XII
Conservation des légumes frais

Conservation des légumes au sel

www.ingramcontent.com/pod-product-compliance
Lightning Source LLC
Chambersburg PA
CBHW070538200326
41519CB00013B/3070